WAC BUNKO

人に嫌がられるしぐさ、人に好かれるしぐさ

JN300978

渋谷昌三

WAC

はじめに

テレビの「討論番組」は基本的には「生放送《なま》」であり、おもに政治や経済の問題について、それぞれの専門の立場で研究している人が、

「あなたの意見は間違っている。そうじゃ、ないでしょう?」

「なにをいっているんだ。あなたのほうこそ、おかしい。無責任な発言はやめてくれ!」

「無責任なのは、そっちじゃないか。私が本当にいいたいことは……」

などと、意見を闘わせ、問題の本質をあぶり出そうというのが「売り」になっている。

しかし、テレビの前の視聴者は、おそらく、出演者たちの「意見」よりも、そのときの表情やしぐさ、癖《くせ》……といったものから、出演者たちの「心のありよう」や本音が透けて見えてくるところに、目が釘《くぎ》づけになるのではないだろうか。

実際、その番組が終わってしまえば、

「あのナントカっていう人は、手を振り上げて、顔を真っ赤にして怒って、迫力あったなあ……もういっぽうのナントカという黒縁メガネの人は、体をかがめて下からにらみつけて、なんだか暗い性格って感じだったなあ」

などと、その人の「表情やしぐさ、癖」が強く印象に残って、誰がなにかについてどう怒っていたのか、なにについて反論していたかなどの記憶は、だいぶ薄まっているのではないだろうか。

翌日になれば、さらに、その「絵」は覚えているが、「意見」については、ほとんど忘れている場合も多いのでは?

ここに、「しぐさの威力」といったものがあるように思う。

日常においても、私たちは、ある人の、小さな「しぐさ」が強い印象になって、それを手がかりに「性格や本音」を思い描くことがある。そして、「あの人は、こういう人」と、勝手に、決めてかかっていることもある。

あるいは、秘密にしておきたい心の中の本音を、自分のなにげない「しぐさ」でバレてしまったときの恥ずかしさは、あなたも経験があるのでは?

「しぐさ」は怖い。

この「しぐさ」を通して「人の心」を分析してやろう！……そして、相手の本心を理解して、いい関係をつくっていこうというのが本書である。

二〇〇七年五月

渋谷昌三

本書は、二〇〇一年八月に新講社より出版された『好かれるしぐさ嫌われるしぐさ』を改題・改訂した新版です。

人に嫌がられるしぐさ、人に好かれるしぐさ ◉目次

はじめに

第1章 「しぐさ」の常識のウソとホント

第2章　「しぐさ」で人に好かれる技術

第3章 なぜか「感じのよい人」と言われる理由

第4章 要注意！ こんな「しぐさ」は嫌われる

第5章 なぜか「勘違いな人」とはこんな人

装幀／神長文夫

第1章

「しぐさ」の常識のウソとホント

1 「あの人は常識人だから誰からも好かれる」は本当か？

私たちが、社会の一員としてさまざまな常識を守り、人に迷惑がかからぬように気を配ることは当然だろう。しかし、その常識と思われているもののなかには、ただ必要以上にトラブルを避けるためのマニュアル的なもの、すでに現代社会にはマッチしない時代遅れ、的はずれなものも少なくない。

ただの常識だけにとらわれたマニュアル的なふるまい、しぐさでは「嫌われない人」を演じることはできても、「好かれる人」「愛される人」には、なかなかなれないようだ。

「痛みに耐えてよーく頑張った！　感動したっ！　おめでとう！」

という台詞《せりふ》が、世の中ではだいぶ「遊ばれ」たようで、ある若者が交通事故で二か月の入院を強いられ、つらい治療を終えて退院する日、担当の医師から、祝辞として同じ台詞を「叫ばれた」という。

もちろん、医師はパロディとして演じたわけだが、若者は治療中のつらさを思い出し、ぐっとくるものがあり、うれしさがこみあげてきたという。この担当医の「ふるまい」が、若者のうれしさを増幅させたのであろうか。それにしても、なかなか茶目っ気のある、魅力的な医師のようにも見える。

この台詞の元は、横綱の貴乃花が優勝を飾った千秋楽、内閣総理大臣杯の授与式のときに小泉首相（当時）が「叫んだ」ものだ。この予想外のふるまいに場内は再び大歓声、拍手の渦に包まれた。

これまでは、表彰状に書かれた文書をそのまま読むというのが、歴代首相（代理の人）の定番で、「常識的」な作法だった。その意味では、明らかにマニュアル破りで、みごとに「変人ぶり」を発揮したということなのだろう。

政治家ならずとも、これまでの常識や形式にこだわるだけの人づきあいでは、なにか物足りなく、おもしろみのない人に映ってしまうことがある。

現実の世の中では、常識や形式というのはとても大切なもので、「人と人と」がいい関係でつきあっていくためのひとつの基準でもあろうし、いつの時代でも尊重されなければならないものだ。しかし、人の「しぐさ」については、世間で語られていることが、心理学的に見て的はずれなものも、いくつかあるようだ。

一見、「堂々として見える」しぐさが、じつは内心の不安や緊張を隠すためにとられる典型的なしぐさだったり、丁寧・親切に見えるしぐさをする人ほど、相手に対して内心はそれほど気にかけていないという例はいくらでもある。あまりに丁寧にされたので恐縮していたら、相手はただの行儀マニュアルの練習中だったということもある。

また、

●腰が低くて「いい人」と思っていたら、意外にぺこぺこしながら図々しい

●「俺に任せておけ」と威勢のよかった人が、意外にだらしなかった

●「あいつは八方美人」とバカにしていたら、意外に「八方塞《ふさ》がり」で悩んでいた

●言葉づかいがぶっきらぼうなので敬遠していたら、意外にやさしい人だった

……など、「しぐさやふるまいの常識」をくつがえされることも、よくあるのではないだろうか。

相手の本心・本性を見抜き、ミスコミュニケーションを防ぐためにも、いま一度、「マニュアルとしてのしぐさ」を疑ったほうがいいようだ。

2　「目を見て話せば説得できる」は本当か？

しぐさについての常識のひとつに、

「話すときに目を見ない人は信用できない」

「相手を説得するときはじっと目を見つめろ」

というものがある。

なるほど、ウソをついている人はそれが指摘された瞬間、視線を逸《そ》らすことはよく知られている。また、相手にじっと見つめられて、その迫力に気圧《けお》されて思わず承諾してしまうこともあるだろう。

しかし、そのような常識を信じて、話をしている最中、じっと相手を見つめていたら、おそらく、「信頼できる」「できない」という以前に、うっとうしがられることもある。

視線は、自分の関心や興味の強さを表すと同時に、相手に対する警戒や威嚇《いかく》のサインでもある。犬が敵や不審者をにらみつけて唸り声をあげることでもわかるように、じっと見つめる＝にらみつけるしぐさは、基本的に敵意を表すサインでもある。

だから、相手から長い間、じっと見つめられているとたいていの人は落ちつかなくなる。「こいつは俺にケンカを売っているのか」と受け取られれば、まったくの逆効果であり、相手が異性なら「もしかすると、この人は自分に対して特別な感情を抱いているのだろうか」などの不安と誤解を与えかねない。

通常の会話のシーンでは、十秒以上相手を見つめることは慎むこと。目を逸らすときはパッと逸らすのではなく、相手と目が合って数秒たってからそれとなく離すこと。それが、

「自分はあなたの話を聞いています」

「私はあなたに敵意はありません」

というふたつのメッセージをさりげなく、誤解されずに伝える方法になる。

実際に人を説得するときに、相手の目をじっと見つめるというのは、それほど効果的なやり方ではないようだ。ベテランのセールスマンになると、ここぞ、というときの殺し文句では、むしろ伏目がちに、ささやくように話すという。

意気込んで力説されたときより、なにか秘密でも打ち明けられるようにぼそっと低い

声で話されたときのほうが、注意を引きつけられ身を乗り出すものだ。

「いや、じつはここだけの話なんですけどね……」

「あまり大きな声ではいえないんですけど……」

このような殺し文句に人は弱い。かりに、その話がウソであっても、真実のように聞こえてくるものだ。

巧妙なセールスマンや勧誘者は、その効果をうまく使って、相手の警戒心を解き、興味や関心を引いて、じわじわとたぐり寄せるように「その気」にさせていく。

伏目がちに静かに語りかけたほうが、人は「その気」になって信用するということだが、これは詐欺師の手口でもあるから、自称「善良な人」は要注意だ。

3 「つらい話は事務的なほうがスムーズに伝わる」は本当か？

セールスや勧誘の場でなくても、この「伏目がち、低い声」のテクニックは使われている。例えば、転勤や出向やリストラなどの、部下にとって受け入れがたいはずのことを、直属の上司として告げなければならないときだ。

上司にとっても、告げるのはつらい。部下の立場になれば相当のショックであることも理解できる。しかし、立場上、社の決定にも逆らえないし、それをなんとか受け入れてもらわなければならない。

このような状況では、上司のタイプによってもさまざまなやり方があるだろう。

ある人は、これは社の決定だから……とあくまでもたんたんと、感情を交えず事務的に告げるだけかもしれない。ある人は「おまえの気持ちはわかる、俺もつらいんだ」とくどくどと説得しようとするかもしれない。

しかし、突然の辞令にショックを受けている部下にしてみれば、あまり事務的にいわ

れると、

「いっていることはわかるが、なんて冷たい人だろう」

と感じるだろう。逆に、くどくどと説明されても、

「なんだかんだいっても、上からの命令をそのまま伝えているだけじゃないか。自分の身がかわいいだけのくせに、見え透いた同情はよしてくれ」

と反発される可能性も高い。

いずれにしても、内容が内容だけに、部下を傷つけずにはすまされないのだが、なんとかそのダメージを軽くし、自分に対する印象も悪くしないですむ方法はないものだろうか。

最善の策としては、

●会社の決定だから従ってほしい

●この決定がきみにとってつらく、そう簡単には受け入れられないもので、私にもその気持ちはよくわかる

……というふたつの相反するメッセージを言葉としぐさで別々に表すというものだ。

つまり、言葉ではできるだけ簡潔に、事実にのっとるかたちで辞令を告げ、態度やし

ぐさで「その決定は俺にとってもつらいんだ」という気持ちを表すやり方。

「こんなつらいことをおまえにいうのは、俺も心外だ」という気持ちを、伏目がちな視線、ときに唇をかみしめるような態度に表す。

もし、相手がショックのあまりあなたに対して怒りをぶつけたり暴言を吐いても、その場ではぐっと我慢して、黙って同情の意を表すこと。

そのような態度で接したならば、その場ではあなたに対する怒りは静まらなくても、あとで冷静になってから、「あの人もつらかったんだろうな」と理解してくれる日もくるのではないだろうか。

事務的に伝えたところで、人の心は事務的にはなれないのである。医者が患者に、「あと一か月の寿命です」と事務的に告知したら、患者はどんな気持ちになるだろうか。

正直な告知に感謝する場合もあるかもしれないが、それよりも「冷たい医者だ」という怒りと無念さ、割り切れなさが、頭から離れない場合のほうが多いのではないだろうか。

必ずしも「事務的に伝えたほうがうまくいく」のではなく、やはり、事態の深刻さに応じた「しぐさ」が必要なのである。

4 「いつも堂々としている人は自信にあふれている」は本当か？

「偉そうに見える態度をとってみてください」

「堂々としている人の演技をしてみてください」

このようなお願いをすると、たいていの人は胸を反《そ》らして腕組みをしたり、肩を怒らせて大股で歩く。さらに、口は真一文字に結んで、相手を見下ろすように視線を向ける……といった細かい表情をつくる人もいる。

- 腕組みをする
- 胸を張る
- 相手を見下ろす

……このようなしぐさは、一般に「偉そうな」「堂々としている」態度として広く認知されている。確かに、実際に自信のある人が、このようなしぐさをすることもあるだろう。

しかし逆に、心の中では、それほどの自信や充実感を抱けないために、偉そうに見せる態度を意識的にとっている「子供っぽい人」かもしれないではないか。

「腕組み」は、実生活においては考え事をしていたり、なにかをじっと待っている（耐えている）ときの無自覚のしぐさだ。高い地位にある人が黙考《もっこう》している様《さま》は、まわりの人からは威厳に満ちているように見えるだろうが、腹の中では、どうすべきか迷っていたり、現在進行中の状況にハラハラしていたりするに違いない。おそらく、自信満々、威風堂々《いふうどうどう》とは、ほど遠い心理状態だ。

「腕を組む」というのは、不安や緊張を隠し、それを自分で慰撫《いぶ》するしぐさで、無意識のうちに、腕を組んで自分の身（心臓）を守る、自分で自分の体を抱くことで不安を和《やわ》らげようとしているのである。

「胸を張る」という表現は、試合でリードされているとき味方を鼓舞《こぶ》したり、落ち込んでしょんぼりしている仲間を励ますときの台詞として「元気を出せ、胸を張れ！」などと使われることが多い。つまり、意識的に「胸を張る」ことによって、敵を脅し、仲間を勇気づけようとしているわけだ。

実際、「胸を張る」というしぐさは、無意識にできるものではない。通常、私たちが目にする「胸を張っている人」というのは、警察官や自衛隊員、格闘技などの体育会系の人たちである。彼らは、自分たちの規律や精神力をまわりの人や対戦者に誇示するために、そのように訓練されているにすぎない。

つまり、胸が反り返るほど「胸を張っている人」というのは、あえてそうする理由があるからだ。それは自分の弱さや不安を隠すためかもしれないし、周囲に対して「大物に見られたい」「なめられたくない」という虚栄心のためかもしれない。もちろん、「相手を見下す」ように視線を向けるのも、同じような解釈になる。

堂々とした態度は、「自信たっぷりな人」と思いがちで、その人の意見を鵜呑《うの》みにしたり、すっかり信じたりすることもあるが、その人は、内心では不安や心細さを抱えているケースも多いということだ。

その人の態度に圧倒されて、まわりの人が自分の意見を引っこめてしまうこともあるが、一度、それこそ「胸を張って堂々と」対抗意見を述べてみてはどうか。その人の意外な一面が見られるかもしれない。

5 「腕を振り上げて演説する人は信念がある」は本当か？

「偉そうに見える態度」「堂々としているしぐさ」について、もう少し書く。

前項の最初に触れた「肩を怒らせて大股で歩く」は、チンピラの歩き方を想像してもらえばわかるように、これも「胸を張る」と同様に「虚勢のしぐさ」である。肩を怒らせ、体を振ってねり歩くことで、自分を実際よりも大きく見せたいという心理の表れだ。

こう考えてみると、「偉そうな」「堂々とした」しぐさとは、自分の体を大きく見せようとするしぐさでもある。

●脚を大きく開く
●ひじを張って両手を腰に置く

……といったしぐさも、「胸を張る」「肩を怒らせて大股に歩く」ほど意識的ではないにせよ、自分が優位に立ちたい、相手になめられたくないという心理状態のときについやってしまうものだ。これらはすべて、「できるだけ自分の体を大きく見せるため」という点で共通している。

また、演説している政治家がよくやる、「腕を振り上げる」という力強いしぐさも、同じような効果を狙ってのことで、「振り」を大きくし、自分を大きく見せることで観衆の注意を自分のほうに引きつけよう、反対意見を牽制《けんせい》しようとしているわけである。

だから、力強く腕を振り上げたからといっても、それは「自分の見せ方」の問題であって、政策に信念を持っていることとは別のことと考えたほうがよい。

猫がケンカをするときに総毛立ててフーッと相手を威嚇するのに似ている。あるいは、鳥が翼を大きく広げて、天敵から身を守るようなものだ。

いくら人間の知恵が進歩している、さまざまな技術や文明を開花させたといっても、いざというときにやっていることは他の動物とたいして変わりはない。少なくとも、喜《き》怒《ど》哀楽《あいらく》、恐れや不安という情動の部分では、同じような反応をするということだ。

相手があなたに対して、このような「偉そうな」「堂々と見える」態度で挑んできたからといって、ひるんだり、ひたすら頭を下げたりする必要はない。

なぜなら、不安や緊張と闘いながら、自分を実際以上の人物に見せようと苦心しているのは相手のほうだからだ。むしろそんな相手の心理状態を思いやって、余裕を持って構えたほうがいい。

そんな「見かけ倒しの」威厳でなく、両手を広げてリラックスした態度で接すれば、相手は振り上げた拳《こぶし》をどこに降ろしていいのかわからなくなり、調子がくるっていらいらし、次第にあなたのペースにはまるだろう。

前項で述べたように、こちらも堂々とした態度で対抗する手もあるが、やりすぎて相手を挑発するような態度に出るのはあまりお勧めしない。

このような態度やしぐさで、意識的に相手を威圧しようする人は、もともと自尊心が高く、プライドを傷つけられると根に持つケースが多い。その人の主張をやわらかく受け止め、自尊心をくすぐりながら、うまくコントロールしてやろうという意欲を持って臨めば、いい結果が得られるはずだ。

6 「声の大きい人は人に気を配らない傲慢な人」は本当か?

声の質や口調というのは、さまざまな印象を与えるものだ。

例えば、甲高い声で早口でしゃべられると、その話の内容にかかわらず、聞き手は相手が怒っているか、興奮しているような印象を受ける。

逆に、ゆっくりと、低い声で話す人は、性格まで落ちついていて、温厚な人のように見えるものだ。

それは誰もが、口調にそのときどきの感情が表れるということを経験的に知っているからなのだろう。私たちは、無意識のうちにも、相手の口調から、その人の感情や性格までも読み取っているわけだ。

大きな声は、それだけ多くの人の注意を引きつけ、まわりの人を圧倒する。たとえ、くだらない内容だったとしても、だ。なにかにつけて大きな声で話したがる人というのは、その声の存在感や威圧感から、気が強い人、豪胆な人という印象を受ける。傲慢で、まわりの人への気配りをしない人という批判もあるだろう。

逆に、ボソボソと声の小さい人は気が弱そうで、自信がない人に見える。体の小さい人が、ささやくように話していると、いっそう存在感が薄くなり、もっと大きな声で話せばいいのに……と思う。しかし、

●大きい声＝気が強い、自信がある

●小さい声＝気が弱い、自信がない

……という公式が常にあてはまるとはかぎらない。というのは、話している声というのは、相手だけでなく自分にも聞こえているからだ。

電話の最中、回線の不調で相手の声が聞き取りにくいとき、つい自分の声が大きくなっているという経験はないだろうか。相手の声が聞こえにくいから、自分の声も聞こえていないのではないか……そんな心理が、つい自分の声のボリュームをあげさせてしまうのである。

普段、声の大きい人も、同様の心理が働いている。自分のいっていることを相手は聞いてくれていないのではないか、自分の存在が無視されてしまうのではないか……常日頃のそんな不安が、その人を「声の大きい人」にしているわけだ。

反対に、声の小さい人は、自分の声が相手に届いていようがいまいが、それほど気にしない人、ということになる。相手の思惑や意見を気にかけないマイペース型の人だ。

もうひとつ。「ボソボソと声の小さい人」とばかり思っていたら、「小さい」のではなく「声の低い人だった」という場合もある。こうなるとちょっと解釈も違ってきて、「自信を秘め、腹がすわって、落ちついた人」という見方も生じてくる。

むしろ、自分が相手からどう思われているのか、自分の存在を無視してほしくない、もっと自分をわかってほしい……という人に、声の大きい人が多いのではないのか。

あなたの隣りにいる「声の大きい人」を静かに観察してみよう。案外、まわりの人の目が気になって、「自分はどう思われているのだろう」と心配している人ではないだろうか。

7 「仕事のできる人は正論をきちんと述べる」は本当か？

会議で意見を求められたときに、いつも正論を述べる人がいる。正論とは、これまでのやり方を尊重し、誰の意見にも偏らず、一般的に妥当だと思われる意見や論理のことだ。

そういう人は、物事を客観的に見ることができ、感覚的にもバランスがとれている人……という評価がされがちだ。

確かにそういう性格や素質のある人もいるだろうが、もしかするとその人は、

「じつはなにも考えていない人」

「責任ある発言を恐れている人」

なのかもしれない。

誰が考えてももっともな意見なだけに、他の参加者からは反論も出ない。しかし、意見自体はとくに斬新《ざんしん》なものでもないから、そこからなにか別の新しい話題や仕事に発展

することもない。つまりは、誰からもつっこまれない、自分の発言にそれほど責任を持たなくてもよい「それなり」の意見である。もっというなら「毒にも薬にもならない意見」といえようか。

●たいした意見は持っていないけれども、会議に参加しているという意欲は見せたい

●あとで責任を追及されるのはごめんだが、なにか発言しなくてはカッコがつかないから

……そんな人は、あえて誰からも異論や反論の出にくい正論を述べたがる。

「もっと原価を下げれば儲けは大きくなります」

「顧客には、もっときめの細かいサービスが必要です」

「ライバル店に負けない品ぞろえをしましょう」

……など、それはそのとおりで、誰も反論できない。しかし、なんの具体案を提示するわけでもなく、聞いていると眠くなるような、あまりに「平和」な意見ではないか。

実際は、正論ばかりでは、会議が現実的に進んでいかない。ただ困ったことに、議論が紛糾《ふんきゅう》して、さまざまな意見が飛び交うようなときは、そのような正論がなんだかまともに聞こえて、妙な空気がただよい、

「確かにそのとおりだ……長い目でみれば、そのほうがいいかなあ」

という好印象を与えてしまうこともあるから厄介だ。

いや、さらに厄介なのは、こういう人というのは会社では出世する傾向が強いことだ。なぜかといえば、失敗しないからで、正論をいっていれば、確かに失敗率は低い。だから、年齢に応じて順当に昇級していくのだろう。

しかし、本当に自分なりに考え抜いて達した正論ならば、「正論の底力が発揮された」といえようが、案外、「まあ、それなりの意見を述べておけば……」的なやり方で、上司の顔色をうかがいながら会議を乗り切っていく人も、同じように昇級していくのだからやりにくい。

もし、そのような正論で、あなたの意見をつぶそうとする人がいたら、

「それは確かに正論かもしれないが、それではこの問題は解決しない」

と正面きって挑んでみても、おもしろいだろう。

正論には二種類ある。現実的な説得力のある正論と形式的なお飾りとしての正論である。少なくとも後者の人はたいした意見を持っているわけではないから、あなたの反論やつっこみにドタバタの様相を呈する可能性も高い。正論しかいわない人は、自分がつ

っこまれたら困るという不安を常に抱えているのではないだろうか。

さて、この「お飾り」としての正論をいう人の見分け方は、酒場でわかる。基本的には、同調性性格の持ち主で、

「あの会議の結論は、ちょっとおかしい。あれは、ないよ」

などと、ぶつぶつと文句を垂れる。「でも、あなたの意見に沿った結論ですよ」といえば、

「いや、方向性はいいんだけど、ちょっとニュアンスが違うんだ。イメージがなあ……」

などと主張のトーンを下げて、みんなと一緒に酒場の空気になじんでいく。

これは会議だけでなく、日常のなにげない会話でも同じだ。要は、その場その場の空気に同調して、「それなり」に楽しむことのできる人だ。同調性性格の典型的な行動スタイルの持ち主なのである。

8 「高価な贈り物をすれば誠意が伝わる」は本当か？

面倒な申し出を相手に受けてもらいたいときの最後の手段として、古今東西とられてきた方法に「プレゼント攻撃」がある。

古くは土地の権力者への貢《みつ》ぎ物や寄進がそうだし、現在でも発注先や官僚への接待や賄賂《わいろ》などは、いくら法律で取り締まっても決してなくならないようだ。

女性を口説くときにプレゼントをするというのにいたっては、「最後の手段」でもなんでもなく、もはや常套手段だ。なんだかんだいっても、人はプレゼントに弱いのであり、こればかりは世の中がどんなに変化しようと変わらないのかもしれない。

賄賂や接待……そんな怪しげなものでなくても、私たちも日常的にこの「プレゼント攻撃」は使っている。例えば、クライアントへのちょっとした誕生プレゼントや御歳暮、御中元の贈答、仕事仲間や近所へのお土産など。

このくらいなら、贈る品にそれほど悩むことはないだろうが、これが大事な商談相手とか、好きな女性への贈り物ともなれば、さんざん悩むことになる。

結局は、相手の好みそうな品の中で「高価なもの」を贈っておこう、その分、こちらの誠意や思いが伝わるだろう……と考えやすい。だが、この「高価なものだからまちがいないだろう」という、自分の気持ちをお金に換算する発想は、もっとも無難な選択に思える一方、じつは失敗も多い。

贈り物は、相手の趣味や嗜好を考えて選ぶのは当然だろう。しかしまた、相手はその分野についての豊富な知識を持ち、自分なりの好みや価値基準もある。金額的に高価な物が、はたして相手の好みや価値基準に合うのか否か。

下手《へた》をして、「なんて趣味の悪い物を……この人は本当の価値がわかっていない」などと、がっかりさせてしまっては、こちらもつらい。

また、あまりにも高価なものでは、相手も値段がわかるだけに、

「こんな高価なものは受けとれない。あとが怖い……」

と拒絶されてしまう可能性もある。そして、お互いに気まずい雰囲気につつまれるわけだ。

贈り物をするときは、相手がそれほど熟知していない分野のものを選んだほうが、む

しろ無難なのかもしれない。

相手の欲しいものが明確にわかっている場合以外は、プレゼントの品目は自分の得意な分野で選んだほうが喜んでもらえそうだ。「高いからいいだろう」「相手の好きなものだから」という安易な発想が、せっかくの「プレゼント攻撃」を台無しにしてしまうことも多いから要注意だ。

もうひとつ。もし相手が「お返し」をしようと思ったらどうなるかを想像してほしい。仮りに、手頃な値段のネクタイをもらったら、なにかのときにマフラーでもプレゼントしよう……と気楽に思える。そういう、相手に負担にならないものがいいのではないのか。そうやって、お互いのプレゼントが「いきき」することによって、心と心が交流して、誠意も伝わっていくのではないだろうか。

高価なものを一回だけドカンとプレゼントしたところで、あとが続かないのでは、やはり、ちょっとつらいのではありませんか。

9 「気持ちをこめてプレゼントすれば愛は届く」は本当か？

高価な贈り物が、必ずしも相手を喜ばせるわけではないのと同様に、時と場合によってはあまりに力の入りすぎた贈り物も考えものである。

「力の入りすぎ」というのは、感情がこもりすぎた贈り物のこと。もちろん、気持ちをこめて相手に贈ることは大切だが、相手との関係や立場をまちがえたり、ほどが過ぎると、失敗することも多い。

まだ出会って間もない、つきあっているわけでもない「異性の友人」に手編みのセーターや高価な指輪を贈って後悔する……というパターンはよく聞くところだ。相手の感覚ではまだ友人のつもりなのに、そんな「気持ちのこもった」プレゼントをしたために、相手は喜ぶ以前に気持ちが「重く」なり、結局、会わなくなった……というわけだ。

かりに、あなたのことを好ましく思っていたとしても、まるで恋人に贈るようなプレゼントをされたのでは、相手は、

「なにか思わせぶりな態度をとったのかしら?」

「どういうつもりでこれをくれたんだろう?」

と、あなたの気持ちとはまったく別の疑問に苦しむことになる。

人と人との関係は、相手との距離をはかりながら、それを互いに確認しあって、深めていく……という大原則がある。自分が思っているふたりの距離と、相手が思っている距離に大きな差があれば、うまくいかない。

出会ったばかりのふたりがすぐ仲よくなれるときは、お互いに同等の共感や好意が抱けたときで、どちらか一方が強すぎたりすると、失敗する可能性も高い。

贈り物というコミュニケーション手段は、その物自体が手元に残るため、言葉でのコミュニケーションよりも気持ちが伝わりやすい。

それが「プレゼント攻撃」の利点なのだが、まだつきあいの浅い状況では、相手の重荷になってしまう場合もあるということだ。言葉ならさらりと聞き流せることでも、贈り物となるとそういうわけにもいかない。

その「気持ちのこもりすぎ」に、足かせをはめられたような気分になる。そして、それまでの「気楽な人」から「うっとうしい人」へと評価が変わる。次第に、顔を合わせるのもおっくうになる。

ところが、贈ったほうは、なかなか気持ちの整理がつかない。「あんなにがんばったのに、どうして伝わらないのか。どうして会ってくれないのか。もっと気持ちをこめなければわかってもらえないのか」……と、さまざまな考えが頭をよぎる。

なかなか進展しない相手との関係をいまより深めたい。出会ったばかりの相手に自分の印象を強くしたい。確かにこういう場合には贈り物は効果的で、それだけに、贈り物の内容には注意したいものだが、その情熱のために、つい「力が入る」ということだ。

自分をアピールしよう、相手に喜んでもらおうという思い入れが強すぎると、かえって相手の心が離れていってしまう危険性があることを知っておくこと。

また、なんの理由もなく贈り物をするのも不自然なので、相手の誕生日やなにかのお祝い事にかこつけるなど、タイミングをはかるのも大切だろう。

10 「気をつかわなくてもいいから長くつきあえる」は本当か？

結婚相手を選ぶときの条件として、またその人と結婚した理由について、

「自然体でつきあえる人だから」

「気をつかわずに一緒にいられる人だから」

という人がいる。

確かに、ずっと一緒に暮らしていくのに、相手に細々《こまごま》としたことまで気をつかっていたのでは気持ちは安らげないし、幸せ感の薄い結婚生活になるかもしれない。結婚相手に限らず、友だちや恋人を選ぶときにも、この「気をつかわずにすむ」というのは重要なファクターになっているようだ。

ただ、「気をつかわずにすむ相手が一番」「気をつかわないのが仲よしの証拠」というだけでは、ちょっと困る。

もちろん、いちいち気をつかわなくてもいい相手は、つきあっていて楽である。しか

し、この「気をつかわずにすむ」という基準をあまりにも振りかざしてしまうと、実際にいい人間関係を築くことは難しいということも知っておくべきだろう。

あなたが「気をつかわずにすむ」人は、確かに一緒にいても楽で、安らげるだろう。しかし、相手にとっては、あなたが「気をつかわずにすむ」人なのか否か。

もし、そうでなければ、つきあっていて居心地いいのはあなただけで、仲がいい、気が合うと思っているのは、あなたの「ひとりよがり」ということになる。おそらく相手は、かなりの気づかいと負担を強いられているはずで、あなたが快適な分だけ、相手は不快だったのを我慢して耐えていたということにもなるだろう。

定年離婚が増えているというが、これも夫が快適で妻が不快だったという生活スタイルが基本的な要因だろう。妻が離婚話を切り出すと、夫はびっくりして、「だって、おれたち夫婦はうまくいっているじゃないか……」と、反論するのだそうだ。しかしこれは、簡単にいえば、妻の一方的な忍耐の上に成り立った「夫の幸福」という構造だったのだろう。

人と人というのは、どちらか一方の「大いなる負担」によって成り立っているケースは、よく見られる。もちろん、夫がずっと耐えている場合もあるだろう。

実際の仲のいいカップルや友人同士は、口では「全然気をつかっていない」といいながら、じつはそれなりにお互いが気をつかいあっている。相手に過剰に干渉するでなく、放任するでなく、バランスのとれた距離感で接している。けっして、相手のことはおかまいなしに、自分勝手に好きなことをやっているわけではない。

このようなカップルは、お互いに、「相手がこういう状態のときはこう思っている」「こんな気分なんだ」ということがすでにわかっていて、相手に対して自分がどうふるまえばいいかもわかっているから、あれこれ質問したり、見当違いな思いやりをして、相手によけいな気をつかわせることがない。

つまり、本当の「気をつかわない」関係というのは、相手に「気をつかわせない」関係なのであって、だから長い目で見れば、相手に気をつかわせない「気のつかい方」ができる人こそ、人づきあいのうまい人といえるのではないのか。

11 「憧れの人に近づけば恋が生まれやすい」は本当か？

では、相手に気をつかわせない「バランスのとれた距離感」とは、具体的にどういうものか。相手に不快な思いをさせることなくつきあうための、適切な距離を知るにはどうすればよいのだろうか。

まずは、物理的な距離感を知るために、目安として行動心理学で「パーソナル・スペース」と呼ばれる人間《じんかん》距離を見てみよう。パーソナル・スペースとは、簡単にいえば「個人的なななわばり」のことで、この距離までは近づいてもよい、これ以上近づかれると不快だといった、見えない壁と考えてほしい。

もちろん、まるっきりの他人に対するものと、友人や恋人、家族などの身内の者に対してでは、その範囲は変わってくる。

三・六メートル以上離れた「公衆距離」は、講演や演説で利用される距離で、ふたりでのこみいった話や感情をまじえた話をするのは難しい。相手に対して敬意や恐れを感じているとき、または個人的にはつきあいたくないと思っているときにとる距離である。

もう少し近づいた一・二〜三・六メートルの距離は「社会距離」と呼ばれ、通常仕事をするときに仲間とおく距離であり、形式ばった話をするときの距離だ。ふたりの間でのコミュニケーションはじゅうぶん可能ではあるが、互いの体に触れ合うことはできない。

さらに近づいた「個体距離」は、七五〜一二〇センチの「遠方相」と四五〜七五センチの「近接相」に分けられる。

「個体距離・遠方相」は、互いに普通に会話するときにとられる、友人同士の距離だ。「個体距離・近接相」は、相手の表情もよくわかり、手を伸ばせば触れることもできる。この距離まで近づいてくる部下や異性は、あなたに気を許しているといえるだろう。

それより近づくと、「密接距離」と呼ぶ。

一五〜四五センチの「密接距離・遠方相」では、家族や親しい友人の間柄のみに許される距離で、そうでない人に入ってこられると不安や緊張感を強いられる。

〇〜一五センチの「密接距離・近接相」は、愛撫、保護するときの距離で、肌と肌の触れ合いによるコミュニケーションもできる。配偶者、恋人同士の特別な距離だ。

問題は、「個体距離」と「密接距離」との微妙な距離感だろう。

あなたが「友人、恋人になりたい」と相手に近づいていっても、相手に同等の感覚がなければ、あなたは相手のなわばりを侵していることになる。相手のなわばりを侵すことは、それ自体、トラブルをひきおこす可能性がぐんと高くなる。

この「なわばり感覚」を無視して近づけば、相手はいらいらして、あなたをデリカシーのない人と判断するだろう。

なわばりの境界線は、お互いの感覚によって決められるわけで、この「なわばり感覚」は、人と人とがうまくやっていくための、非常に重要で、また失敗しやすい要因にもなっていて、ある意味で、センスの良し悪しをはかるバロメーターでもあろう。

ふつうは、「好きな者同士」は、近くにいる。しかし、「近くにいるから、好きな者同士」というわけでもない。その関係性によって適性距離が決まってくるのだから、単なる職場の同僚にすぎないのに、いきなり「密接距離」に踏み込めば、相手はうっとうしさや嫌悪感を抱き、デリカシーがない人と判断する場合もあるわけだ。近くにいるだけで、相手は、「そばに来ないでよ、まったく！」といらいらしているケースも多いはずだ。少しずつ、相手の反応を見ながら近づいていくこと。

いきなりでは、確かに恋が生まれることもあるだろうが、嫌われる可能性も高い。
「急《せ》いては事を仕損じる」のだから「慎重に」ということだ。

12 「いつも一緒にいるから仲がいい」は本当か?

パーソナル・スペースで見たように、相手があなたに抱いている親近感や信頼感の「心理的な距離」と、実際に体が近づくことを許す「物理的な距離」には相通じるものがある。

好きな人にはそばにいてもらいたいし、嫌いな人には五メートル以内にだって近づいてほしくないというのは自然な感情だろう。

ただし、パーソナル・スペースとは、あくまでも「その人が近づいても気にしない距離」であって、「常にその距離を保ちたい距離」ではない、ということを理解しておかなければならない。

「私たち、親友だから、いつも一緒にいるの」

「恋人同士だからくっついているのが当たり前」

そんな気持ちで常に一緒にいることを相手に要求するのは、トラブルの元だ。

人にはそれぞれ、いろいろな性格や性質があるし、どんな人でもひとりでじっくり考えたいときがある。そんな相手の性格や感情を無視して、「物理的な距離」を求めるのでは、むしろ相手の心は離れていく可能性が高くなる。

「私たち親友でしょ?」「恋人同士だからいいじゃない」という言葉に、心の中ではうっとうしく感じているときもあるだろう。

この「親友」「恋人」という関係性にしばられ、お互いに「強制された」「自由を奪われた」と思っているケースも多く、また、お互いに「裏切る」わけにもいかず、うっとうしく思いながらも「親友らしく」「恋人らしく」つきあっているカップルもいる。そこには、お互いの忍耐が見えかくれする。

この距離感の相違というのは、とくに男女間の関係に多く見られるようだ。

「愛し合っているのだからいつも一緒にいたい」女性と、「愛し合っているからこそ、いつも一緒にいなくてもいい」という男性……最近では逆のカップルもいるようだが、どちらがいいとか悪いとかではなく、そのような心の持ちようの違いを互いに理解することが必要なのではあるまいか。

●近しい間柄だからこそ、距離をおきたいときもある

●好きだからこそ、いえない話もある

……相手を本当に愛し、信頼していれば、そんなときにはそっとしておくこともできるはずである。

それこそ、相手の個性や感情を尊重した、思いやりのある行動だ。それがお互いにさりげなくできるようなったとき、初めてふたりは「大人同士の関係」になれたといえるのではないのか。

その思いやりに相手が気づき、感謝の気持ちが生まれたとき、初めて「気をつかわない」間柄になれるのではないのだろうか。まさに「言葉は不要」の心理的なパーソナル・スペースを確立することができるはずなのである。

「親友だから」「恋人だから」という理由で、いつも一緒にいなくては……と思ったら、おそらく、その関係は遠からず破綻《はたん》するだろう。

同棲しているカップルを調査すると、「いつも一緒」というカップルは案外、別れるのが早く、お互いに「なわばり」を主張するカップルは長くつづいている。お互いに、相手のなわばりを尊重することから、本当の信頼が生まれるのであろう。

13 「自信がないから何をやっても失敗する」は本当か？

「自分の性格でイヤだと思うところは？」という質問に対して、もっとも多いのが「自分に自信がないところ」という答えなのだそうだ。

「人前で思ったことをうまく話せない」

「相手に頼まれるとノーといえない」

「やろうと思ったことが長つづきしない」

……などの回答も、つきつめると「自分に自信がない」ということだろう。

実際、程度の差こそあれ、「もっと自信のある人間になりたい」という思いは誰もが持っているものかもしれない。

確かに、いかにも自信たっぷりに見える人をうらやましく思うことはある。自分もあのように堂々とふるまえたら、自分の能力や容姿にもっと自信があったら……と思う。

しかし、すでに述べたように、自分に自信を持っている人が本当に強い人とは限らない。自信満々に見える人ほど、ひそかにコンプレックスを抱いていたり、日夜不安と戦っていたりするものだ。

例えば、海外で活躍している野球のイチロー選手やサッカーの中田英寿選手もそうだろう。彼らが活躍できるのは、もちろん才能や素質もあるだろうが、それよりも小さい頃から長年積み重ねてきた成果と見るほうが正しい。

彼らが努力するのは、「野球が好き」「サッカーがうまくなりたい」という理由だけではなく、「練習しなければ、努力しなければ、前に進めない」という恐怖心、不安感もモチベーション（動機づけ）になっているはずだ。

彼らがグラウンドで堂々と、落ちついて見えるのは、彼らが自信満々だからではなく、「自分がやれるだけのことはやっている。あとは野となれ山となれ、だ」「人事は尽くしたのだから、あとは天に任せるだけ」といった、ある種の達観《たつかん》した心境にあるからだろう。これまで練習で何千回、何万回とやってきたとおりのことをやるだけ。いまは、ゲームに集中し、ボールに集中していくだけ……という気持ちで闘っているわけだ。

もし、これまで積み上げてきたものがないのに、自信だけ持っている人はコンプレックスもなく、日々平安で……要は、ひとりよがりの「自信」で、ポジティブにいかなきゃ……などと、自分を奮い立たせている。

しかし、そんな「思い」だけが先走った、根拠のない自信は、一度くじけてしまうと、立て直すことは難しい。

「自分に自信がないから」

「自分は他に自信を持てるものがないから」

と日々、不安に思って努力している人だけが「真の強さ」を身につけることもできるのだろう。いつか本当の自信を獲得するために……と不安と闘いながら努力している姿が、まわりの人からは「真の自信」があるように見えるということだ。

「自信がないから」と逃げている人は、必ず失敗する。ところが、「自信がないから」と、不安と闘いながら努力する人は、ある程度の実績を残すことができるのである。そして、そういう人は、これまでなんとかやってきたのだからこれからもなんとかやっていけるだろう……という「楽観性」も、心のどこかに備えていることも忘れてはならない。

第2章

「しぐさ」で人に好かれる技術

1　うまく妥協する人の「破顔一笑」のコツ

交渉には、「押し」「引き」が大事だとよくいう。

なるほど！　それはそうだ……とも思うが、では実際にどういうことなのかと考えると、いまひとつ釈然としない。「押し」の部分は想像がつくとしても、「引き」をどのように使うのか、ピンとこないという人は多いのではないだろうか。

相手が思わぬ抵抗を見せたときに、「そうですか。では、今日のところはこのへんで」と引いて帰ってしまったのでは、まとまるものもまとまらない。会社に戻ったら、「なにをやってるんだ」と上司に怒鳴られるのは目に見えている。

「引く」というのはあくまでも例えであって、実際に自分の意見や主張を引くことではない。ではなにを「引く」というのか。

交渉や契約の場が紛糾するときというのは、互いの意見がかみ合わず、どちらもそのまま譲り合うことがなければ交渉は決裂なのだから、いやがうえでも場は緊張し、双方ともいらだちが募っているはずである。

こういう堂々巡り、行き詰まりの状況は、脅しすかしの「押し」の一手では打破することは難しい。ハードパンチはすでに両者とも打ち尽くしてしまったわけで、さらに追い打ちをかけるような厳しいことをいえば、本当に交渉は終わりである。

こうした場面では、「意外な」しぐさが功を奏することがある。といっても非常識なことではなく、ただの破顔一笑、あるいは、にっこりと微笑むといったようなことだ。これで、緊張していた空気ががらりと変わる。

先方にしてみれば、それまで怒りこそ表すことがあった相手が、急に笑うという反応は予想外なはずだ。「そっちの思うとおりにはいかないぞ」と警戒していた心も、ふっと緩《ゆる》む。その一瞬を見計らって、

「いやあ……参りました。こちらの負けです」

などといいながらあらかじめ用意しておいた妥協案をそっと差し出すのである。

その妥協案にしたところで、交渉の早い段階で提示したのでは受け入れてくれない内容のものでも、相手は「向こうが妥協してくれた」という気持ちとホッとした雰囲気に飲まれて、一気に合意ムードに入っていくことがある。相手が要求レベルを下げてきた

のに、それを無視して自分の要求をこれまでどおりに主張するわけにもいくまいなあ……という心理が働くものだ。ここはバランスも考えて、と。

この場合、もちろん最初から、いざとなったら「これ」を提示するつもりだったという前提がなくてはならないが。だから「引いた」のは主張ではなく、その態度やしぐさの「引き」が、こういう硬直した空気を破る効果を発揮するわけだ。

もうひとつ、仕事の現場においては、「妥協する力」というのは重要なエネルギー源である。どんな仕事でも、「絶対に妥協しないで完璧にやろう」としたら、一歩も前に進めなくなるだろう。大きな仕事になればなるほど、必ず別の意見が出てくるもので、その意見にどう対処するかというのは、誰にとっても大きな問題だろう。意見が対立したまま、時間ばかりをくい、仕事はストップしたまま……というのでは、どうにもならない。

それより、相手とうまく妥協して、一歩でも二歩でも早く前に進めるのが、現実的な対処法であり、結果的にうまくいくというケースも多い。

あなたのまわりの「仕事のできる人」を見てほしい。おそらく、相手の意見も汲みとって「うまく妥協できる人」なのではないだろうか。

2 信頼できる人と思われる「リラックス」のコツ

「あの人は信用できるから、なんでも相談できる」

「あの人が上司なら信頼感があるから、仕事がやりやすい」

まわりの人や部下から、このような評価を受けている人は幸せだろう。とくに男性にとっては、「頼りがいがある」「信頼できる」というのは最高のほめ言葉に違いない。

しかし、実際には、自分の責任をきちんと果たし、そのうえ、まわりの人とも打ち解け、必要とあらば面倒まで見てやれる……と、これを日々スムーズにできる人というのはなかなかいない。自分の仕事をこなす、他人の面倒を見る……の、どちらか一方ができる人は少なくないだろうが、両立ともなると難しい。しかし、これを両立できる人が、部下から「頼りがいがある」と思われる人なのではないだろうか。

もし、あなたが責任感があり仕事もできるのだが、そのせいか、まわりの人からは堅苦しい人間で話しづらい……と思われているなら、普段のしぐさから改善していってみよう。

ちょっとしたしぐさの改善で、「話しかけやすい」「相談しやすい」という雰囲気が自然に生まれてくるものだ。

例えば、部下と向かい合って座るとき。これまで、腕組みをしたり、脚を組んだりという姿勢をとることが多くなかったか。しかも、いつも苦虫をかみつぶしたような表情だ。おそらく、あなたは無自覚なのだろうが、いずれも心の中に緊張や不安があるときの「自分を守る」ポーズであり、「相手を受け入れたい」なら、これでは逆効果だ。
●腕は広げ、できればゆったりとテーブルの上に手のひらを開いた状態でおく
●足も心持ち開き、リラックスした姿勢をとる
……これが「相手を受け入れますよ」という姿勢であり、相手が心を開きやすくなるしぐさだ。もちろん、無理に笑顔をつくることもないが、リラックスした表情を見せて、部下の緊張を解いてやるだけの余裕はほしい。

これだけで、あなたの印象はぐっと変わる。冗談のひとつもいいそうなリラックスした雰囲気になり、また少し面倒な相談事でもふところ深く受け入れてくれそうな……このような空気を職場に送りこんで初めて、部下は上司を信頼し、新しい発想とアイデア

を相談してみようという気にもなってくる。もちろん、「呼吸するのも楽」になり、職場も活性化するわけである。

この「相手を受け入れます」のしぐさは、基本的な人間関係を構築していくうえでも重要で、「人からあまり好かれない」「周囲の人は自分を受け入れてくれない」と悩んでいる人にも勧めたい。そう思い込んでいる人ほど、じつは自分が「相手を受け入れない」しぐさや態度をとっていたりするものだ。

人は相手のしぐさや態度に敏感に反応し、それにふさわしい態度をとってくる。こちらが緊張した表情で会えば、相手も緊張する。リラックスしたしぐさで臨めば、相手もリラックスする。気分というのは、人から人に伝染するもので、ひとりが「あくび」をすると、次から次に「あくび」をする人が出てくるではないか。

「相手に受け入れてもらいたい」と思うのなら、まず自分が「相手を受け入れる」しぐさでメッセージを送ってみてはどうか。

3 人に賛成してもらうための「同調しぐさ」のコツ

いま、気分というのは、人から人に伝染すると書いたが、では、人と人とが「仲がよい」「気持ちが通じあっている」という状態は、どんな「しぐさ」となって表われるのだろうか。

その「仲のよさ」を示す典型的な例として、「姿勢反響」と呼ばれるものがある。

あなたは、仲のよさそうなカップルが喫茶店でお茶を飲みながら話をしている場面を観察して、こんな現象に気がついたことはないだろうか。

一方がカップに手を伸ばしてコーヒーを一口飲むと、もう一方がやはり同じようにカップに手を伸ばす。ひとりが脚を組み換えると、それが合図かのように、もう一方も脚を組み換える……このような「しぐさ」が一定のリズムでくりかえされる。

これが姿勢反響で、ひとりがある動作をすると、もうひとりがまるで真似するかのように同じ動作をする現象だが、もちろん、当のカップルは、自分たちが同じ動作をしていることには気がついていない。

なぜ人と人とは、このような「同じしぐさ」を知らず知らずのうちにやってしまうのか。これは、うなずきやあいづちと同様に、

「あなたと同じ意見です……あなたに賛成します」

という気持ちのときに表れる「同調しぐさ」の一種である。おそらく、仲のよいふたりで話が盛り上がっているうちに、お互いに同調の気持ちが強く働き、ますます「合ってくる」のであろう。

この現象がもっともよく表われるのは、人の悪口であろう。ふたりの人が、

「あの人にはまいったわよ、じつはさあ、この前……」

「あら、私なんかもっとひどい目にあったのよ……」

と、ある人の悪口をいいあっているときの表情やしぐさ、会話のリズムはそっくりであろう。そのとき、「ある人」に対して、完全なる意思統一を感じているわけでこのふたりは息が合って、とても仲のよい状態である。

三人以上の人の集まりでも、この「姿勢反響」は見られる。この場合は、三人が完全に同調しあっているというより、「自分ひとり仲間はずれになりたくない」という意識

が、あとのふたりのしぐさと同調させている場合もあるが、いずれにしても、そこにいるみんなの気持ちが通じあっている、基本的な共通認識でつながっているという状態になって初めて、「姿勢反響」という現象となって表われるわけだ。

ところで、この「姿勢反響」を、「逆に活用」したらどうなるのだろうか。つまり意識的に「姿勢反響」をくりかえしているうちに、人と人との「心のありよう」も同じ状態になってくるのか否か。

じつは、この逆コースも十分に可能なのであって、その場を和《なご》ませ、仲間意識を生み出すためには効果的な方法なのである。実際、「姿勢反響」という言葉自体は知らなくても、これを応用して活用している指導者は多い。

最初に部下や選手をまとめるとき、できるだけ全員が同じスタイルで同じ行動をするように強制する。最初は個々の部員から反発もあるが、しばらくそれを続けていると、知らず知らずのうちに、チームワークがとれてきて、仲間意識や一体感が芽生えてくる。気持ち（心）の同調と統率をはかるには、まず形（行動・しぐさ）から、というわけだ。

シンクロナイズド・スイミングという競技は、複数の選手がどれだけうまく「姿勢反響できるか」を競う要素もある。練習によっても一定のレベルまではいくだろうが、それぞれの選手の物の考え方や感じ方、人生観や人との接し方など、日常生活の中で、さまざまな心的要因の一致度が高いということも大きな要因になるはずだ。

さて、同じように、交渉中に相手のしぐさを真似してみたらどうなるのだろうか。自分のしぐさに反響し、同調してくる相手を拒絶するのは簡単なことではない。相手にしてみれば、あなたの提案を断りたいと思っていたのに、なんとなくノーといいづらい雰囲気になってくる。

そのうちに、相手もあなたのしぐさに反響するようになり、少しずつ気持ちが同調していけば……思わぬ結果が待っているかもしれないではないか。

しかし、あまり露骨に真似したのでは、相手はからかわれていると思って逆の効果にもなりかねない。相手の癖のひとつを、それとなく真似ていく……そんなところから始めてみてはどうか。少しずつ「好かれる」のが、もっとも手堅い方法である。

4 相手にノーといわせない「魔のポジショニング」のコツ

本音では「断りたい」のに、相手を目の前にして、「ノー」といえずにしぶしぶ「イエス」と答えてしまったことは、誰にも経験があるだろう。そして、自分は頼まれると断われない性格だから……と、それなりに納得している人がいたら、ちょっと角度を変えて、自分を見つめ直したほうがよい。

本当に、あなたの性格のせいなのか……もしかしたら、あなたが気がつかないうちに、相手によって「ノーといえない状況」をつくられてしまったのではないのか。そうだとすれば、それは、「性格」以前に相手との位置関係がおおいに関与していることになるが。

会議や打ち合わせ、デートなど、人と話をするときはさまざまな場面が考えられるが、心理学的に見れば、「ノー」といいづらいポジショニングというものがある。

ここでは攻守の立場を換えて考えてみてほしい。

一対一で相手を説得したいとき、それが喫茶店などの対面式のテーブルがたくさんある場所ならば、相手をどこに座らせるのがいいのだろうか。相手が「イエス」といわざるを得ないような気持ちになるのは、どの席なのだろうか……と。

入り口の近くというのはあまりお勧めできない。人の出入りがせわしなく、相手が注意散漫になることが多いからだ。店内の中央部に配置された、左右が通路になっているテーブルもよろしくない。そこでは周囲が見渡せるため、入り口近くのテーブルと同様に、会話への集中を妨げる、よけいな情報が入りやすいからである。

一番いいのが、奥の隅のテーブルだ。しかも、相手には奥の席に座ってもらうこと。これは相手に上座《かみざ》を譲るという意味ではなく、相手の行動の自由度を小さくするためだ。電話やトイレに行くために席をはずすには、あなたの横をすり抜けねばならないわけで、相手にとっては席を立ちづらいポジションになる。つまり、自分が障害となって相手を逃がさないようにし、心理的にもじわじわと奥へ「追いつめる」のだ。

このように、相手の注意が他に逸らされたりしない環境、あなたの話を真っ向から聞かざるをえない……そんな席に誘導すること。できれば、膝と膝とが触れ合うくらい狭いスペースであれば、なお効果がある。第1章で触れたように、他人から必要以上に接近されると、たいていの人は落ちつかなくなる。自分のなわばりに侵入されて、ますます「追いつめられた」ような気分になる。

相手にしてみれば、「この状況から逃げ出したい、でも逃げられない」という心理的葛藤《かっとう》が生じ、やがてその葛藤にも疲れ、あなたが話している内容に納得できないところがあっても、

「まあ、いいか。じゃあそうしましょう、それで結構ですよ」

と、大筋でイエスと答える。つまり、早く解放されたいという思いが、判断を甘くさせるわけだ。

このテクニックは、悪徳業者の勧誘では広く知られたもので、「じゃ、この契約書にサインしてね」と、たたみかけるのである。

さて、再び、攻守の立場を換えてみよう。あなたが「ノー」といえずに「イエス」と答えてしまったときは、どんな場所で、どんなポジショニングだったのか思い出してほしい。また、このテクニックを意図的に実践する人は、魅力的な笑顔であなたに近づき、自然の流れの中でスムーズに奥の席に座らせる段取りもうまくやるはずだ。

ただし、この方法は、あとでトラブルになることも多く、また、やりすぎれば相手は

脅迫されたようなイヤな気分にもなるのだから、「慎重に」ということだ。
説得の効果を高めるための応用知識として知っておくぐらいでもいいのではないか。
あなたが二度と、悪徳業者にひっかからないためにも。

5 かたくなな心を開かせる「横並び感覚」のコツ

ノーといわせないためには、相手の自由度を小さくし、心理的に追いつめる状況をつくること……しかし、これは、相手が「イエスかノーか」と迷っているときに有効なのである。

すでに相手があなたの申し出をかたくなに拒否する態度を示している場合は、手順も段取りも変わってくる。まず、「かたくなさ」に凝りかたまっている相手の心を解きほぐしていくような雰囲気づくりをしなければならない。

ちなみに、かたくなな人、がんこな人、いこじになっている人……を狭いスペースに追い詰め、面と向き合う状況では競争意識や敵対心が促され、なにかのきっかけで、ののしり合いのケンカに発展する場合も多い。男性同士では自慢合戦が始まり、非難合戦になり、そのうち「勝った」「負けた」……と麻雀やゲームをやっているのと似たような心理状態になるのかもしれない。

狭いスペースで真正面に向き合うのは、迷っている人を説得するには好都合なのだが、もともと異なった考え方をする人同士では「対決のポジション」でもあり、お互いに反《はん》駁《ばく》や反論の心理が表面化しやすいのである。

相手がかたくなな男性の場合は、この席選びは避けること。リラックスしてもらい、親近感や共感を覚えてもらうことが目的なのだから、それにふさわしい環境を考えたい。

●広い公園のベンチにふたりで座って話す

●ふたりでゆっくり歩きながら話す

……これなら、狭いスペースで面と向き合う環境とは逆で、「広いスペースでの横並び」になる。これだけで、相手の心の「かたくなさ」が少しずつ解きほぐされていくはずだ。その分、「素直な心」になっているわけで、こちらの話に耳を傾けてみよう……という気持ちにもなってくる。ここまでくれば、こちらの申し入れを受け入れてくれる可能性も大きくなるではないか。

また、相手を誘うときには、

「話し合いをしよう」

ではいけない。白黒をつけようじゃないか……といった対決色が強くなるセリフであ

って、相手を緊張させるばかりだ。そうではなく、

「ちょっとミーティングをしよう」

と、声をかけること。意味は同じでも、ぐっと横並び感覚の親密なイメージになる。

もうひとつは、食事をしながらの「ミーティング」で、副交感神経が促されれば、身体的にもリラックスした状況になる。おいしいものを食べながら、むっつりできる人や相手をののしる人は、そういないものだ。

また、会話が途切れたときは、目の前にある料理や食材をネタにできるという利点もある。食は、誰にとっても共通の関心事だから、会話はつづき、「気まずい沈黙」とはならない。まあ、「食べる」のだから口はもぐもぐやっているわけで、沈黙がそれほど違和感にもならないのだが……さて、ここで終わってはもったいない。

食事のあとで、カウンターのような隣り合って座れるバーに誘って、「ダメ押し」をしておくこと。

隣り合う席は、別名「恋人のポジション」と呼ばれ、親密感が生まれやすい。そこには、面と向き合って視線をぶつけあう「緊張」もなく、ぐっとリラックスして話しやすくなる。もちろん、ガラス張りで夜景が展望できるような「広々としたバー」であれば、

さらにリラックスできよう。食事と横並びバーという、女性を口説くときの定番コースは、相手が誰であっても「効く」ということだ。

いずれにしても、かたくなな人、がんこな人、いこじになっている人……などを、「その気」にさせるには、「横並び感覚」でリラックスさせるところから始めるのがよい。

6 反発されずに自分のペースに引きこむ「聞き役」のコツ

「自分は口下手だから、人前で話をする自信がない」

と思っている人は多い。おそらく、あなたもそうなのでは？

確かに、誰もがほれぼれするような話しっぷりで注目をぐいっと引きつけ、その場にいる人を「酔わせ」てしまうような人がいる。また、能弁家《のうべんか》ではないけれども独特の語り口の人や、マシンガンのような言葉の洪水と迫力で相手をグウの音も出ないほどにい負かしてしまう人もいる。

そんな口達者な人に対して、私たち口下手人間は、「すごいなあ」と聞いているのか、「見ているだけ」なのか……というのは、心地よい話のリズムに聞きほれ、また、話しているときの表情や身ぶり手ぶりに玄惑され、後になって「あの人は何をいいたかったのかしら」と思うこともよくあるからだ。

口達者な人の「話芸」というのは、より印象的に「話を見せる」ような要素もあって、その人の素質プラス性格や経験も関係してくることなので、誰でもうまくなれるとはいい切れないだろう。

ただ、私たちは、「話芸」としての技術を身につける必要はない。目の前の人を「その気」にさせていく会話というのは、相手の心にしっかりと、その「内容」が伝わっていくものでなくてはならない。これなら、口下手な人でも十分に力を発揮できるだろう。

そのためには「ひとつの基本的なこと」を忘れてはならないのであって、それは、意外かもしれないが、

●相手を説得したいときほど、聞き役に回れ

……ということだ。もちろん、ただ黙っていればいいというのではなく、そんな「つもり」で、相手に臨まないことには、話し合いは「発展する」ばかりで、最後に「爆発する」という結末になりやすいからだ。

相手を説得しなければならないと思うと、いつも以上に肩に力が入って、話が長くなったり、語調が強くなったりする人がいる。しかし、それでは命令口調に聞こえたり、言い訳がましく聞こえたりして、相手にしてみれば不快にこそ思いはすれ、気持ちよく納得することはできない。とくに普段口数の少ない人や口下手な人に、うってかわって

ベラベラとしゃべられても、聞き手は戸惑うだけだろう。けっして、「にわか仕立ての口達者」になってはいけないのだ。

つとめて説明は簡潔にし、相手の質問に答えるというかたちで説得していく気持ちを持ってほしい。「聞き役に徹する」というのは、そういう意味だ。

疑問や質問を出し尽くした相手は、自分なりに、

「それが最善の方法だな……確かにあなたのいうようにするしかないようだ」

などと、勝手に自己判断してくれる場合も多い。もちろん、相手は「あなたに説得された」とは思わずに、自分で得た結論と思いこんでいるのだが。

結果的に、あなたが導きたい結論に相手が賛同してくれれば、説得が成功したことになるのであって、あなたはただ「ありがとうございます。助かります」と笑顔を見せれば一件落着となる。

説得というのは、

「相手に納得してもらうことであって、相手を論破することではない」

と心得ておくこと。

相手の不備を非難して自分の正当性を主張して納得させようとすれば、お互いにヒー

トアップするばかりで、なにも前には進まないのである。受け入れがたい内容であれば、相手は激昂することもある。そこで、あなたが相手と同じように興奮して声を荒らげたら、相手の反発も強まり、収拾がつかなくなることもあるだろう。

それより、自分を抑え、相手に同情するようなしぐさを交えつつ「聞き役」に徹して、あくまでも冷静に対処していったほうがなん倍もの効果がある。相手はあなたの態度を見て、自分の気持ちを鎮め、あなたの意見を少しずつ受け入れていく過程において、それが「自分の判断」と錯覚し、「その気」になっていくのである。

「聞き上手」な人というのは、相手に反発されることもなく、時間をかけて自分のペースに引きこんでいく人でもある。これが、「聞き上手」な人が嫌われない理由でもあろう。

7　嫌われずにノーという「断り上手」のコツ

はっきりとノーというのが苦手という人は多い。協調性を重んじ、人の気持ちを思いやることが美徳だとされてきた意識が強いせいだろうが、相手の申し出を断ってしまうと、

「相手にイヤな思いをさせてしまうのではないか」

「相手を怒らせてしまうのではないか」

……そんな気持ちが先に立って、ああでもないこうでもないと悩むことになる。イヤイヤながら受けてしまって、あとで悔やむという体験のある人も多い。

先ほど、狭いスペースに追い詰めて心理的圧迫をかけていけば……という話をしたが、そういうときのためにも、自分なりの「逃げ道」「逃げ方」を身につけておくこと。

直接相手に伝えるのが難しいなら、「もう少し考えさせてください」といったん保留にして、とりあえずその場を離れ、そうしておいて後日、手紙やファックス、メールな

どの文書で、断りの旨とその理由をはっきり告げて相手に送る……という手順が、もっとも波風が立たない方法だろう。相手も、断られたショックが少しはやわらぐのではないか。

相手の面前ではいいにくいことでも、文章でなら落ちついてまとめることができ、誤解されることも少ないだろう。

相手が受け取った頃を見計らって、電話で「先日はごめんなさい。どうしても無理だったんで……」とフォロー、いや、「ダメ押し」をすること。

どうしても直接その場で断らなければならないときは、まず「ノー」のしぐさをいくつも出して、「雰囲気づくり」をしておく小技も身につけてほしい。

●視線を逸らす
●唇をかみしめる
●眉をしかめる

……などのしぐさで、あらかじめ相手に「私は無理です」というメッセージを送っておき、それでも気づかずにまくしたててくるようなら、

●うなずきなどの同調のしぐさを一切やめる

●いきなり席を立つ

……などの荒技で、会話のリズムを変えること。「むっ、なに事か」と相手が居住まいを正したときに、「申し訳ないですが……」と、いかにも申し訳なさそうな表情をつくって切り出せばよい。そして、ちらりと相手を見て、すぐ伏目になること。この一瞬のしぐさがダメ押しとなり、相手はすべてを悟る。

相手の申し出を断るときは、ノーの意思はっきりと悟ってもらうことが大切だ。同時に、相手が仕事場の同僚や友人の場合は、「申し出を断る」イコール「あなたを拒絶しているわけではない」「あなたを嫌っているのではない」ということを言動ではっきりさせること。

これからもつきあいがつづく人には、あなたの人格を全面拒否しているのではなく、今回は断るけれども、またお誘いください……というメッセージを伝えるのが、あとあとの人間関係を考えた賢い断り方ということだ。

8 異性の友人を友人以上にするための「不安と緊張」のコツ

恋人や友人たちとの会話という場面では、どういうしぐさが有効なのか。あるいは、なかなか友だち以上に進展しない異性を、うまく自分のほうへ引き寄せる手とはどんなものか。

「困ったときの食事作戦」

という言葉があって、いや、いま、私が思いついただけだが、とにかく、デートに誘う適当な口実が見当たらないときでも、「おいしい店を知っているから、行かない?」というのは自然であり、相手も受け入れやすいという利点がある。

映画や音楽会、スポーツなどの趣味の分野で誘っても、相手が「関心なし」「私は嫌い」ということだったら、なかなかスムーズには進展しない。「そこを何とか」とねばって連れ出したとしても、相手はしぶしぶなのだから、あまりいい結果にはならないだろう。

ところが「食」というのは誰にとっても共通に関心のあるもので、「私は生まれてこのかた、食事をしたこともありませんし、その習慣もありません」という人は、この世にはいない。だからこそ「食事をエサにデートに誘う」というのも変な言い方だが、ＯＫが出る可能性は高いわけだ。

「同じ釜のメシを食う」という言葉もあって、これは、人と人とが「一緒に食べる」ことによって絆が強くなることだ。もちろん、友だち以上に進展する方法ともいえるわけだ。

もっとも、デートに誘うのであれば、相手の好きな食べ物、嫌いな食べ物くらいは、あらかじめリサーチしておく必要はあるが。

まあ、ここまではいいとして、問題は店の選択だ。ほとんどの人は、ここで間違えるのであって、もっとも注意すべきことは、

●グルメガイドで見つけたような、自分も行ったことのない店は避ける

……ということだ。できれば自分がなん度も行ったことがあり、店の人も自分の顔と名前は覚えているぐらいの店がよい。常連であることをアピールするというのではない。

相手は初めての店で、自分はなじみのある店……という条件を備えた店のほうが、友

だち以上に進展するための心理的効果が大きいのである。

初めての場所というのは、多少の不安と緊張が生ずるものだ。

この不安と緊張がなにかの拍子に高まったときに、誰かにそばにいてもらいたいと願う心理を「親和欲求」と呼ぶが、女性にはとくにその心理が強く働く傾向がある。ひとりでは初めてのレストランや酒場には行かないという女性が多いのも、心のどこかに不安と緊張が生ずるからだろう。

そういうときには誰かに一緒にいてもらいたい、誰かがいてくれることでその緊張や不安を和らげたい……つまり、一緒にいる「誰か」に心理的に依存している状態になる。

この場合の「誰か」とはあなたのことで、しかも、そこはなじみの店であるから、より頼りになる存在として、相手の心の中でクローズアップされるわけだ。

また、なじみの店でのあなたの態度は、相手にとってみれば、普段は見ることのできない「新しいあなた」であって、

「仕事のときの○○さんとは別人みたい……」

「あの人には、こんな面もあるんだ……」

と、勝手に思いこんでくれる。だから、さして苦労もせずに一歩前進というわけだ。

そう思わせるところにデートの目的があるのであって、グルメガイドで見つけた、行ったことのない店に誘ったのでは、「おいしかったわね」「なかなかいい店だったね」と感想を述べて終わりになる。

ふたりとも初めての店なのであれば、心理的には同等の立場なのであって、デートをしたところで「友だちのまま」の現状維持にしかならない。

相手を不安にさせることによって親和欲求を生じさせ、自分を頼りになる存在と思わせる……というところがミソで、友だち以上の関係に一歩近づくための堅実な方法ともいえよう。少なくとも、いきなり告白して「討ち死に」するよりはいいのではないのか。告白の前に、このような段取りをつけるという慎重さがあれば、だいぶ違う結果になるのではないだろうか。

自分の違う一面を見せることは、一種の「自己開示」でもあるのだが、これの心理効果については次に述べる。

9 好きな人と秘密を共有する「自己開示」のコツ

「自己開示」とは、読んで字のごとく、自分のさまざまな情報を相手に公開することである。

どんな学生生活だったか、子供の頃はこんな生活をしていた、いまはこんなことに凝っている、親や兄弟は……これらはすべて自己開示で、当然のことだが、私たちは、仲のよい人、身近に感じている人にほど、多くの自己開示をしている。

さて、この自己開示には意外な特性があって、それは、

●自分が自己開示すれば、相手も同レベルの自己開示をする

……というものだ。つまり、学生時代の頃の話をしてくれた相手には、自分の学生時代の話を打ち明ける。親や兄弟についての話をすれば、相手も自分の家族のことを話してくれる……という具合だ。

「ここだけの話なんだけど、私、○○さんにプロポーズされたことがあったのよ。悩ん

だすえに断ったけどね……」

と、ある独身ＯＬが打ち明けると、もうひとりの独身ＯＬも、

「私もね、△△さんとつきあっていて……結婚しようって約束したんだけどね……」

と、本来なら、お互いに自分の心にずっとしまっておくような話を、ふいに打ち明ける。これと似たような体験はないだろうか。

これは、たんに話の流れとしてそうなりやすいというだけではなく、相手が打ち明けてくれたことに対して同等の情報を与えることでバランスをとろうとする心理的な作用が働くからである。

もし相手が「友だちのまま」だったり、「仕事の同僚のまま」だったりしたら、チャンスを見つけてプライベートな話題を振ってみてはどうか。あなたの打ち明け話に合わせて、彼女も自分のプライベートを打ち明けてくれるかもしれないではないか。

そのとき気をつけなければならないのが、自己開示の内容が自慢話にならないようにすることだ。自分のいいところを見せようとするあまり、カッコウのいい話や成功話に終始すると、彼女からの自己開示は得られない。むしろ失敗話や悩み事などのネガティブな内容のほうが、相手の自己開示を促すものだ。

それは失敗話や悩み事のほうが、相手の共感を得られやすいからだろう。恋愛の話題にしても、うまくいっている話は「よかったね」で終わるが、失恋話や恋の悩みの相談、恋人の不実へのグチでは思わぬ盛り上がりを見せ、

「そんなの、まだマシよ。私の彼なんかもっとひどいわ……」

と、勝手に自己開示してくれるものだ。

思い切って、自分の悩みや失敗話をするのも、人に好かれるテクニックだ。一般的に女性は母性本能が働くせいか、こうした悩み事を男性よりおっくうがらずに聞いてくれるようだ。

「じつはいま、こういうことに悩んでいて……」と打ち明けると、相手はあなたを励ます意味でも、「私だって、こんな悩みがあるのよ……」とつい漏らしてくれることもある。

こうして悩み事を共有した相手に親しみを感じるのは当然で、もはや、「大勢いる友だちのひとり」ではなく、「特別な関係」に昇格したといってもいいだろう。そうやって、少しずつ自己開示の内容を深くしていけば、もしや……ということもあるだろう。

自己開示のもうひとつの特性は、

●相手の自分への信用度が伝わってくる

……というところにある。そんな誰にでもいえることではない秘密を私にだけ打ち明けるなんて……私は彼に信用されているんだなあ……と自覚し、少しずつ好きになっていくのである。「秘密の共有」ほど、人と人とを強く結びつけていくものはないのではないだろうか。

10 男性と女性が親しくなっていく「釣り合い感覚」のコツ

第1章では、「しぐさ」による心理状態のウソとホントを書いた。前項の「失敗話のほうが成功話より相手の心を開く」という話も、そのうちのひとつだろう。普通は、「成功話をすれば人に尊敬される」と信じているのではないだろうか。ついでというわけではないが、ここでは、もうひとつ、世間で信じられていることのウソを書く。

高学歴、高収入、高身長の「三高」の男が理想の結婚相手、ということがいわれたものだ。おそらく、いまどきの未婚女性に聞いても、同じような答えが返ってくるに違いない。

それは当然なのであって、なぜなら、男の立場で考えても、「三高」というのはカッコよく、「理想の自分像」なのであって、世の中のほとんどの人は「そんな人」に憧れているわけである。とくに未婚女性にかぎったことではない。

しかし、そういう「憧れ」は憧れとして、実際にどのような相手と結婚しているかを調べてみると、案外、「三高」の男性を選んでいるわけではないようだ。それは、世の中の絶対値として「三高」の男などめったにいないという話とは少し違う。

じつは、コンピュータお見合いで結婚したカップルのデータを見ると、男女の「収入差」「学歴差」が近いカップルが非常に多いのである。逆に「収入差」「学歴差」が大きいカップルは、結婚までに至らないケースが少なくないという。そのほかにも、「身長差」も、あまりに差がありすぎるとうまくいかないというデータも出ている。

ちなみに、このデータは、コンピュータによる紹介システムによるもので、学校の同級生、社内結婚、幼なじみの間柄……といった恋愛結婚のケースは入っていない。

しかもこういうシステムの常として、最初に相手の年収、学歴、身長などの「希望」はデータ化されているはずである。「三高神話」が本当であれば、高学歴、高収入、高身長の男から「売れて」いくはずだが……そうはなっていない。さて、この結果をどう解釈すればいいのか。

いや、コンピュータで見るかぎり、これは、学歴と収入と身長の「三近」ではないか。「三高」というのは、それこそ「神話」なのであって、世の中の男女は「三近」で結婚していくのが「実話」という結論のようだ。

これはおそらく、「人は自分と似た人に親しみを抱く」という心理が働いている。私たちは趣味や性格、考え方だけでなく、環境や外見までも、自分と似ていると思える人に親しみや愛情を覚えるのである。また、そこには、相手と自分との「釣り合い感覚」の心理も働いたのであろう。

「俺は男なんだから、相手よりも収入がなければ……」

「自分より学歴の高い女性はちょっと……」

と、男性は、そんな女性を敬遠しがちだが、それは、実《まこと》しやかな「三高神話」に翻弄されている男の姿なのかもしれない。この世の実態は「三近」なのであるから、それほど気にすることはないのだが。

「俺はこんなに仕事ができて……」

「俺の年収は五年後にはこれくらいに……」

などと肩ひじを張らずに、ありのままの自分をアピールすれば、結局、それが一番「いい出会い」につながるのではあるまいか。それを身近に感じて、「ありのままのあなた」を認めてくれる人は、きっとまわりにいる。

また、攻守の立場を換えてみると、「美人はモテる」というのも、同じような理由で、必ずしもそうとはいえないというのが、「実話」なのではないだろうか。男の立場になれば、やはり「釣り合い感覚」の心理が働くのであって、

「あんな美人には、それにふさわしいハンサムな恋人がいるだろう」

と考え、自分が恋人として「立候補」しようという気持ちは、なかなか生まれないものだ。同時に、あんな美人とつきあう男はたいへんだろうなあ……と、ある種の同情もするが、よく考えると、なんの根拠もない「たいへんさ」なのかもしれない。また、初めから「高嶺《たかね》の花」として見ていて、そのまま枯れるまで……といってはナンだが、ただ「見ているだけ」というケースも多いようだ。そういう状態は、「モテる」というべきなのか、「モテない」というべきなのか。

もうひとつ、「美人は必ずしもトクではない」という話をする。

アメリカで行なわれた心理学の実験で、男性をだましてお金を手に入れて、「詐欺罪」として起訴された「美人」と「美人ではない人」との量刑の差を比べたものがある。もちろん、だましたのは同等の金額で、手口も同じである。普通に考えれば、「同等の量刑」をいい渡されるはずだろう。

ところが、この実験によると、模擬陪審員《ばいしんいん》の判決は、美人には刑期が長く、美人で

はない人には刑期が短いという結果になったという。つまり、「自分の美貌を武器にして男をだましたのだから」という、模擬陪審員の心情が反映されたわけだ。

また、仕事場では、美人が実力で出世しても、「あの人は社長のお気に入りで……」などと、真実ではないことでやっかまれたり陰口を叩かれたりして、正当な評価をされないことも少なくないという。ところが、美人ではない人が出世すると、「あの人はがんばり屋で実績もあるから」と正当な評価をされやすいという話もある。

世の美人に同情を申しあげたくなるのは、私だけではないかもしれない。

11 あがり症を克服するための「みんなとの約束」のコツ

「自分はあがり症で、すぐ緊張してしまうのですが、どうすれば治るでしょうか」
という質問をされることがある。

そういう人に話を聞くと、これまでにも「あがり」によって何回となく失敗をし、恥ずかしい……どころか、これまでの人生を後悔しているという人もいる。

「入試で簡単な問題がわからなくて……」

「学芸会でセリフを忘れ、ストーリーがわからなくなった……」

「好きな人に告白したのに、自分がなにをいっているのかわからなくなり……」

などと、第三者が聞けば、そのくらいの失敗は……とも思うが、本人にしてみれば、つらい過去であり、その分、あがり症を治したいという気持ちも強いようだ。

- ●心臓がドキドキして鼓動が速くなる
- ●口が乾いて唾を飲むのも難しい

●手先が震える

……などが「あがり」の一般的な症状だが、あがり症の人も、のべつまくなし、意味のないところであがっているわけではなく、大きな会議で発言する前、大事なクライアントとの打ち合わせの前や、好きな人の前などの、「ここぞ」という場面でがちがちになるわけだ。これは交感神経が、その「非常事態」にすみやかに対応するために働いているからである。

そういう理由なのだから、これは自然な生理現象で、むしろ「体が、これからすることの準備をしているのだ」とポジティブに受け止めれば、少しは落ち着けるのではないのか。「あがり」の理由さえわかれば、心のありようも変わってくるものだ。

「ホラ吹きクレイ」と呼ばれるボクシングの世界チャンピオンがいた。そのボクシングスタイルは「蝶のように舞い、蜂のように刺す」と形容され、当時、絶大の人気を誇った。そして、もうひとつの人気の秘密は、リングの外で大口を叩くこと……だった。彼はのちにモハメド・アリと改名したが、じつは試合前の控室では脚の震えを抑えることができなかったほどの「あがり症」だったという。チャンピオンでさえそうなのだから、凡人のわれわれはあがって当然、くらいの気構えでいればいいのではないか。

とはいえ、「あがり症」で悩んでいる人にとっては、
「アリの、本番で最高の力を発揮するコツを知りたい。自分は本番でも失敗してしまうのだから」

と、いいたいところだろう。そう考えると、直前まで膝が震えるほど緊張していても、いざ本番になると悠然とふるまえる人と、緊張したまま本番で失敗してしまう人との差はどこにあるのだろう？

ひとつ考えられることは、アリのその「大口ぶり」にある。試合の数日前に、記者の取材を受け、挑戦者に向けてコメントを出す。それは、

「おい、試合当日は、シューズの裏をピカピカに磨いておけよ」

といったものだ。その意味は、

「おまえはKO負けをしてリングに這いつくばるのだから、シューズの裏を観客に見せることになるんだぞ。汚いものを見せたら失礼になるぞ」

というわけだ。なかなかしゃれたコメントだが、それがきっかけとなって、試合当日まで「口による前哨戦《ぜんしょうせん》」でファンの気分を盛り上げていくわけだ。

さて、そうやって、「大口を叩いた」からには、実行しないことには、観客から総ス

カンをくらうことになる。いや、それよりも自分がKO負けしてシューズの裏を見られたりすれば、世間の笑い者になるのだから必死だ。

これは「パブリックコミットメント」といって、直訳すれば、「公的な関与」であり、アリの場合は「観客との約束」である。約束したからには、どうしてもKO勝ちしなければならないのであり、そうやって自分のモチベーションを高めていくわけだ。

試合前には「あがって」いても、リングに立てば「観客との約束」を果たすことだけを考え、目的を達成するために自分を奮い立たせる……という心理状態になっていくのであろう。

また、「あがってはいけない」と思うと緊張して、ますますあがってしまう……という人もいる。そういう人は、

「あがってもいいんだ。それが、ありのままの自分だから」

と思ってみることだ。実際、あがって失敗したところで「犯罪」ではないし、世間の人に迷惑をかけるわけでもない。

「ありのままの自分を、そのまま見てください」

と思っていれば、「あがり」もだいぶ退くのではないだろうか。

12 実力を発揮するための「おごそかな儀式」のコツ

一般的に、「緊張する・しないは経験の差」「慣れれば緊張しなくなる」などとよくいわれる。しかし、なんど経験しても、緊張するときは緊張する。

実際、九回一点差の場面でマウンドにあがれば、毎回緊張すると、プロ野球の、あるセーブ王がコメントしている。ただ、彼らがそれでも結果を出せるのは、経験によって緊張をコントロールする術を覚えているからだろう。どのようにすれば、体がちがちに固まりそうな緊張下でも自分をコントロールできるのだろうか。

メジャーリーグのイチロー選手の日本向けの中継では、打席中だけでなく、ベンチやネクストバッターズ・サークルにいる彼の姿までも追っている。そこで気づくことは、

●イチロー選手がバッターボックスへ入るまでのしぐさが毎回まったく同じ

……ということだ。

守備位置からベンチに戻ると、まず左手から手袋をはめ、手袋をはめ終わると、右ひ

じのレガースをつける。それからヘルメットを被って、バットをとる。ネクストバッターズ・サークルでは、両膝の屈伸をしてから素振りをする……などの動作の順序や流れはツーアウトランナーなしの場面でも、一打逆転の場面でもまったく変わらない。

まるで、それがなにかの儀式でもあるかのように、バッターボックスに入るまでに同じ動作を毎回繰り返しているのである。

この毎回同じ一連の動作は、ただの習慣で、なんとなく続けていると思ったら大間違いである。イチロー選手にとっては、緊張をほぐし、集中力を高め、ベストの心理状態で打席に入るためには欠かせない「しぐさ」で、これによって、敵のピッチャーと対決するための心理状態をつくり上げていくのである。手袋をはめているとき、屈伸をしているとき……の、心理状態のレベルもおそらく、毎回同じなのではないだろうか。そうやって、「本番」に向かって、じょじょに高めていくわけだ。

普通の人は、これらの「しぐさや癖」をおもしろがって見ているだけかもしれないが、この一連の動作から、プロ野球選手が「一打席」に賭ける執念を感じとってほしいものだ。もちろん、敵のピッチャーにも自分なりの「しぐさや癖」があるわけで、お互いに「一本のヒットを打つ難しさ」と「ひとつのアウトを取る難しさ」が身にしみてわかっているからこその、「おごそかな儀式」というわけだ。

あがり症の人で、本番でつい失敗してしまうという人は、おそらく本番直前、自分がなにをやっていたかも思い出せないのではないだろうか。

「失敗したらどうしよう……」

「もし、ここで自分がヘマをしたら……」

そんな、いま考えてもしかたのないことばかりが頭に浮かんで、気持ちは落ちつかない。貧乏揺すりをしたり、脚を組み換えたり、あちこちを歩いたり……と、無意識の動作が多くなる。

もちろん、ベテラン選手でも緊張の場面では不安がわき上がることもあるだろうが、彼らは「いつもの動作」を意識的に繰り返すことで、その不安を抑え、自分の感覚や集中を高めていくのである。

普段と違うことをやるから緊張が高まり、「あがり症」になるのであれば、その対抗策としては、いつもと同じことをやればいい……ということにもなる。それを「儀式」として自分の中に取りこんでしまえば、その「しぐさ」をやるだけでスイッチを入れたように緊張は消え去り、集中力が高まっていく……一流選手ほど、このような、自分なりの「心のシステム」を確立しているのであろう。

どんなピンチの場面でも堂々と見えるスポーツ選手は、そんな「儀式」の意義を体験的に知り、意識的に使っているのである。

13 自分の心を落ちつかせてくれる「小さなしぐさ」のコツ

「手のひらに人という文字を書いて、それを三回なめる」というあがり防止のおまじないも、一種の儀式だ。それ自体には意味がなくても、「これをやると俺はあがらないんだ」と信じている人にとっては、効果的な儀式となる。

スポーツにおけるメンタル・トレーニングでは、このような不安や緊張を抑え、集中力を高める儀式がたくさん紹介されている。

●大きな声を出す
●自分の顔を叩く

……というのもそのひとつだ。要は「これをやれば気分が落ちつく」「力がみなぎる」と自分なりに感じられれば、なんでもいいのである。

もちろん、いきなり本番の舞台でやっても効果はあまり望めない。普段から自分の行動様式にとりいれておくことが重要なのだ。

とはいっても、じつはスポーツ選手だけでなく私たちも気づかないうちに、いろいろな儀式をやっているものだ。

例えば、朝、起きるとき。目覚ましをとめて、ベッドから起き上がる前に「今日も頑張るぞ」と布団のなかで伸びをする人もいるかもしれない。寝起きが悪くてモーニング・コーヒーを飲むまでは頭がすっきりしない人もいるだろう。出勤の際には、必ず靴を左から履く、と決めている人もいるだろう。

そういうことなら、それを応用してみては、どうか。

●伸びをして気合を入れている人は、大事な会議の前でも大きく伸びをしてみる

●コーヒーを飲めば頭がさえると感じる人は、コーヒーを飲んでみる

●靴を左から履くと落ちつくという人は靴を脱いで、左からきちんと履きなおす

……あるいは、自分が楽しいときやうまくいったときには、どういう表情をしているか、一度鏡でじっくり見ておくという方法もある。そして、不安なとき、緊張しているとき、落ちこんでいるときには、鏡の前に立って、そのときの表情を意識的につくってみることだ。それだけで、どれだけ心に余裕ができることか……を、自分で確かめてほしい。

心の動きが、しぐさや態度になって表れるということを述べてきたが、その逆も真なり、である。しぐさや態度を意識的に変えていくだけで、心のありようも少しずつ変わっていくのである。

そんな「自分だけの小さなしぐさ」を持っている人は、さまざまな逆境や苦難にも耐えることができるだろうし、人との関係においても余裕を持って向き合えるのではないのだろうか。

第3章

なぜか「感じのよい人」と言われる理由

1 初対面では、「もう一度、会ってもいいかな」と思わせる

初めて訪れた外国でいい出会いがあったり、その国の人に親切にされたり、じゅうぶんに楽しい思いをすると、

「あそこは、いい国だ。気候も過ごしやすく、みんな親切で……」

という思いをいつまでも抱くことになる。そのときが、たまたま気候のいい時期だっただけかもしれないし、たまたま親切な人に出会えただけかもしれないのに、その国の「すべてがいい」という記憶がいつまでも残り、機会があればもう一度行きたい……と願うし、「あなたも、ぜひ行ってみたら」と、大勢の人に伝えたくなる。

反対に、ある国でたまたまなにかのアクシデントに見舞われて楽しいはずの旅行が台無しになると、「あの国は嫌い」という思いがなかなか消えない。誰かにその国への旅行を誘われても、「もういいわ。行きたくない」と、かたくなに断ってしまう。そういう人は、二度とその国を訪れることはないだろう。

同じような心理は、人と人との出会いの場面でも起こる。初めて顔を合わせたときの「最初の記憶」をいつまでも引きずり、その第一印象を土台に、相手の人物評価をつくりあげていくわけである。

このように、最初に受けた印象に引きずられてしまう傾向を、心理学用語で「初頭効果」と呼んでいる。もっとわかりやすくいえば「第一印象効果」ともいえるだろう。

私たちは初対面の人に対して、無自覚のうちにも、「この人は自分にとって好ましい人だろうか、好ましくない人だろうか」と、観察している……と書くと、「いや、私は初対面で人を値踏みするようなことはしません」という人もいるだろうが、少なくとも、ヒトという生物の自己防衛本能レベルでは、一瞬のうちに、「好ましい人か、好ましくない人か」を判断している。

ぎゅうぎゅう詰めの満員電車に押しこめられたとき、「見るからにスリのような人」「いかにも痴漢をしそうな人」には近づかないようにするのは当然の行動で、それは、「この人は好ましくない人」と、一瞬で値踏みしたということになるだろう。

だからこそ、最初の出会いで、

「あの人はいい感じだな」

「人あたりがよさそうで、うまくやっていけそうだ」

と相手にポジティブな印象を与えるのと、

「なんとなく感じの悪い人だ」

「陰険な感じで、嫌いなタイプ」

とネガティブな印象を与えるのでは、今後のつきあい方に雲泥《うんでい》の差が出るのである。

いや、「今後のつきあい方」と書いたが、後者の印象を与えたのでは「今後」はないという可能性も強い。「あの国には二度と旅行しない」というのと同じで、「あの人とは二度と会うことはない」と相手が思ったら、こちらはどうしようもないではないか。初対面が大切な理由は、ここにある。

就職や転勤で新しい職場に入るとき、担当者の変更や新しい得意先、コンパや見合い、恋愛……など、いくつになっても私たちのまわりには新しい出会いがあふれている。その出会いを実りあるものにし、人生の吉とするためには、まず初対面での第一印象が肝心ということだ。

そうはいっても、出会い頭《がしら》で、「気が合った」り、「すぐに契約できた」り、「一目惚れをした」り……といった、あまりに都合のよい、夢のような期待は持たないこと。

「初対面」の位置づけというのは、相手に、「もう一回、会ってもいいかな……」と思わせるところにある。つまり、「つきあいの継続性」を確保することが最低条件であることを忘れてはならない。

ちなみに、この初頭効果を利用しているのが、コマーシャルである。この新製品は従来のものより「素晴らしい」「価値がある」「好ましい」とアピールすることで、消費者が実際に店頭でその商品を見る前に好印象を植えつけようとしているわけである。イメージキャラクターには、見た目の印象がよく、人気の継続性を見込める人が起用されやすいのも、このような理由からなのであろう。

2 「顔の表情」で感じのよさを演出する

初対面の相手から受けとる最初の情報は、その容姿や姿かたち、服装といった外見である。私たちは「背の高さなどの体型」「髪形」「顔のつくり」「どんな服装をしているか」といったことを、まず見る。なかでももっとも視線を向けるのが、相手の「顔」である。

なぜ「顔」なのかといえば、この人はどのような性格なのか、どのような気持ちで自分と接しようとしているのか……などの情報が、「表情」となって表われているからである。顔は、心の情報の宝庫といってもいい。

もし、あなたがむっつりとして初対面の人に会ったら、「暗い人だ」「気難しい性格なのではないか」「自分と会うのに気がすすまないのか」というふうに思われるだろう。

実際は、歯が痛いのを我慢していただけだとしても、相手にマイナスの印象を与えてしまうことになる。

もう何回も会っている相手ならば、「なにかイヤなことがあったのかもしれない」「体の具合が悪いのかな？」と心配してくれるが、事前情報のない初対面では、「そういう人」と、「断定」されてしまう恐れもある。

「自分は本当は、明るくてさっぱりした性格なんだから、次に会うときは……」と、気合いを入れたところで、その「次に会う」ことがあるのかないのか。これっきりかもしれないところが、第一印象の怖いところだろう。

いくら、人にいい印象を与えたいと思ったところで、いまさら顔のつくりを変えるわけにもいかないし、身長や体型は隠しようもない。しかし、表情だけは意識的につくることができる。しかも、その表情から相手が自分の性格や自分に対する好悪の感情をはかろうとしているのであれば、これを上手に活用するのが得策だろう。

そのためには、「まず笑顔」とよくいわれるのだが、そうかといって、終始にこにこしているだけでは、仕事先では、「しまりのない人」「緊張感に欠ける人」などと誤解を招くこともある。

また、「いつも誰にでも笑顔をふりまく明るい人」というのも、その人の性格的な印象は好ましいのかもしれないが、仕事の場では「ひとつ物足りない」「ほんとうに大丈夫か」と、不安になることもあるだろう。「まず笑顔」というのは、要は、「あなたに会えて嬉しい、これからよろしくおつきあいください」というメッセージを、言葉だけでなく表情で伝えるというところに意味があるわけだ。だから、人を紹介されたときや、自己紹介をするときには、笑顔と同時にしっかりと相手の目を見て、そういう気持ちをこめなければならない。けっして、「笑顔だけでOK」ということではないのである。

また、新しい場所や状況に飛び込んだ場合には、なにかを話しかけようとしても、適切な言葉や話題が思いつかないで、まごまごしてしまうこともあろう。

そんなときは、無理に自分から話しかけないこと。ただし、相手の話をちゃんと聞いているサインとして、目を見て、あいづちを打つことだけは忘れてはならない。もちろん、ときどきは笑顔を見せたほうがよい。

そうすれば、気の利いたことはいえなくても、「しっかりしている、信用できる人だ」という印象を残すことができる。これが初対面では大切なのであって、少なくとも「また会いましょう」という最低条件はクリアーしたわけで、本当のアピールは、次回にやればいいということだ。

3 「あたりさわりのない話」の意外な効果を活用する

表情とともに、態度やしぐさも、第一印象を大きく左右するものだ。ちょっとした「しぐさ」は、本人の意思にかかわらずつい出てしまうものだが、相手は、それが「この人の性格や本音」と判断することも多い。

例えば、会談中になにげなく、腕時計に目を落とすと、相手は「もう切り上げたがっているのかな」と、勝手に想像するかもしれないではないか。いかに相手が打ち解けた態度で接してくれたとしても、気を抜いていると、思わぬところをチェックされていることもあるのだから要注意だ。

一般的に、相手に好感を抱かせる態度というのは……というよりも、けっして嫌われないのは、「きびきびとした態度」「きちんとしたイメージ」である。だらだらと歩いたり、椅子に座るときや立ち上がるときにのろのろした動きだと、だらしのない性格に思われやすい。ひとつひとつの動作はてきぱきとこなしたほうが、いい印象を残せるのは当然だ。

落ちつきのないしぐさも嫌われるもと。初めての場所だからといって、きょろきょろしたり、必要以上に視線をあちこちに動かすのは禁物だ。

手の動きにも注意すること。しきりに目元や口元に手を持っていくしぐさも、落ちつきのない人に見られる。また、このようなしぐさは、心理学的には「心にやましさがある」と解釈されている。けっしていい印象を与えないのだから、「座っているときは、両手は膝の上に」を実践してほしい。

……まるで面接のマニュアル本のようになってしまったので、このくらいにしておく。

さて、初対面が大切だからといって、

「なにかインパクトのあることをやってやろう」

「相手に一発かましてやろう、最初が肝心だからな」

と気張る人がいるが、そういう人は、必ず失敗する。なぜなら、「刺激のある話」「大きな話」ほど、その分、相手に緊張を強いて、警戒心を抱かせるからである。しかも相手に、

「ああ、はったりをかましてきたな」

と思われたら最期、返り討ちにあうようなもので、それっきりになるだろう。

あなたのよさや能力を見せる機会は、これからいくらでもある。最初はあくまでも「悪い印象を与えない」という程度の、余裕のある対応のほうが、次につながっていく可能性は高いのである。

初対面では、まず、相手をリラックスさせることが大切だ。とはいっても、難しいことではなく、あなたが心の余裕を見せれば、相手はリラックスしてくれるのである。相手にとっても、あなたとは初対面なわけで、

「どんな人だろう……この人とうまくつきあっていけるだろうか」

と、少なからず緊張している。そんな気持ちが、あなたの態度で和らいだとしたら、

「この人とはつきあいやすい……いい感じの人でよかった」

と、相手はホッとすると同時に、その安心感からスムーズに受け入れてくれるのである。緊張した空気からは「対立」が生まれ、リラックスした空気からは「親密」が生まれる……という心理の「しくみ」を忘れないこと。

コンパや見合いの席でも同じことがいえる。

いきなり真剣な表情で「趣味は?」「休日はなにをしていますか?」などと矢継ぎ早

に質問して緊張させたら、相手は身構えて、なかなか本音を出さない。

あたりさわりのない世間話のひとつでもしたほうが、リラックスして場の雰囲気もよくなるだろう。「きびきびした態度」と、それでいて「リラックスした態度」というのが、初対面の席での成功の秘訣である。

「きびきび」と「リラックス」とは、一見、正反対のことのように思う人がいるかもしれないが、そういう人は、

「肩から力の抜けた、無理のない自分」

というイメージで人に会ってほしい。

「次に会う」可能性は、ぐんと高まるはずだ。

4 自己紹介では、「共通性の高い情報」を伝えていく

自己紹介で、自分の名前をいうだけでは芸がなさすぎる。とくに、コンパや新人歓迎の席など、大勢の人がいるときには、「その他大勢組」のひとりになって、すぐに忘れられるのでは、自己紹介の意味がない。せっかく自分をアピールするチャンスなのだから、それなりの印象づけをしたいものだ。

よくあるのが、同じ名前の有名人を引き合いに出すという手だ。例えば、

「一朗は、あのイチロー選手と同じ、朗《ほが》らかな一朗のほうです。もっとも、年収は彼の一〇〇分の一もありませんが」

などとやれば、すぐに覚えてもらえるのと同時に、「話しやすい人」という印象を与えることもできる。

ある集まりで自己紹介する段になり、志和《しわ》（姓）さんという人は、

「志和といいます。幸せの志和、幸せなら手をたたこうの志和です」

とやった。ちょっとしたゴロ合わせなのだが、会場には拍手が鳴って、なんとなく、幸せな気分になった。これで名前を覚えられたのだから、自己紹介の上級者といえるだろう。自分なりの「自己紹介用キャッチフレーズ」を、いくつか考えておくこと。その場に応じた、そのひとことが、印象づけの強力な武器になるのだ。

名前に興味を持っている人は意外に多いもので、どこの出身地に多い姓なのか、それが名のほうならば、なぜ親がそんな名前をつけたのかというエピソードまで紹介するのもいいだろう。そのエピソードが、あなたの顔と名前を記憶させることに一役買うのである。ただし、偏見や差別をイメージするものは避けるべきである。

自己紹介は、「手短か」に、「ユーモアを混じ」え、「わかりやすく」やること。あれもこれも……という気持ちはわかるが、あまりくどくどやれば、話が散漫になって、かえって印象は薄くなる。そればかりか、「自己中心的な人」と思われてしまう恐れもあるので要注意だ。

もうひとつ大切なことは、趣味や自分がなにに興味を持っているかくらいのことは、必ず入れておくこと。自己紹介のあとの歓談のときには、

「○○さんは映画が趣味とおっしゃってましたけど、最近はどういうものを見ました

か？」

「釣りが趣味のようですけど、私もなんです」

などと、相手も気楽に声をかけやすくなるからだ。

こういってはナンだが、それこそ釣りの「撒《ま》き餌《え》」のような効果があって、人が寄ってくるのである。

さらに、たんに「映画が趣味」というだけでなく、「私が見たなかで最高の映画は○○」「俳優の○○のファンで、彼が出演している映画はすべて見てます」などと、一歩踏みこんでおくと、同じ趣味の人たちに、より深い印象を与えることもできる。ただし、あまりにマニアックな趣味は逆効果になることもあるので注意したい。

好きな映画、音楽、スポーツあたりが、無難な話題だろうか。また、地方の出身者が多いところでは、同様の理由で出身地にも触れておくこと。同県、同地方の出身というのは、ただそれだけの理由で親近感を覚えるものだ。

初対面の心理というのは、お互いに「相手はどんな人だろう」と観察し、「相手と自分との共通点は何か」と手探りしている状態である。

だからこそ、自己紹介では、たんに名前を伝えるだけではなく、ユーモアを通して

「親しみやすさ」を伝え、趣味や出身地などの情報をばら撒くことによって、できるだけ多くの共通性を伝えることが大切なのである。

5 「独特のイントネーション」で自分の存在を示す

都会に出てきたばかりの人のなかには、訛《なま》りやイントネーションの違いが気になって、人づきあいに積極的になれないという人がいるかもしれない。

「自分の言葉が笑われるのではないか」

「訛りを馬鹿にされるのではないか」

という不安が、自分の口数を少なくし、人前に出ることや会話に入っていくことを躊《ちゅう》躇《ちょ》させることもあろう。

しかし現実には、訛りは本人が思っているほどマイナス・ポイントにはならないものだ。

むかしは、訛っていると「田舎者」と思われることもあったが、いまは、むしろ、「誠実そうな人」というプラスの印象を与えることも多いのではないのか。

テキサス州出身のブッシュ氏が大統領選に出馬したとき、わざとテキサス訛りを直さないでスピーチしたという。訛りをあえて披露することで、有権者に「庶民感覚」「親しみやすさ」をアピールしたのだそうだ。この大統領選についてはみなさんご存じだろうが、対抗馬のゴア氏に対して、ほんのわずかの差、すれすれで選ばれている。あとになって思えば、価千金の「訛りスピーチ」だったともいえるだろう。

訛りのある人は「これも私の個性のひとつ」と考えて、堂々と話せばよいのである。もし笑われたとしても、それはおそらく、あなたを馬鹿にしているのではなく、「親しみ」を表わす「しぐさ」のひとつである。それを「馬鹿にされた」と思うのは、逆に、被害妄想なのではないだろうか。そう思われては、まわりの人のほうこそ迷惑なのだから、ほどほどにしたほうがよい。また、訛りのある自分にコンプレックスを持ち、自分のふるさとや親を恨《うら》んでいるという人もいるのだから、自分で自分を馬鹿にしているようなものだ。

さて、注意すべきことは、訛りやイントネーションを気にするあまり、うつむき加減で話したり、ボソボソとした小声になることだろう。どちらの話し方も、「相手に伝えようという意志に乏しい話し方」である。

これでは、「暗い人」「退屈な人」「ひとりよがりな人」という印象を与えることにもなろう。

ニュースキャスターの鳥越俊太郎氏は、確か九州出身である。訛りも少しあるし、イントネーションもちょっと違うし、しゃべりの間《ま》も……まあ、あまり洗練されているわけではない。従来の考え方をすれば「テレビ向きではない」のかもしれないが、画面からは、鳥越氏の、なんとか視聴者に伝えたい、わかってほしい……という意志と気力が伝わってきて、思わず画面に釘付けになる。

ぺらぺらと流暢にしゃべるキャスターばかりのなかで異彩をはなち、独特の魅力を発揮している。むしろ、訛りやイントネーションが武器となっているようにも見える。もし鳥越氏が、ぺらぺらと流暢にしゃべり始めたら、おそらく、彼の魅力は半減するのではないだろうか。そう思えば、訛りでコンプレックスを持つことなど、バカバカしくなるではないか。

訛りや方言の話題は、人や場所を選ばず、どこでも盛り上がる格好のネタでもある。地方出身者が集まっているところでは、「うちのほうでは……」と、話題がつきない。方言の話から、地方の観光名所や郷土料理の話に発展したりして、話自体が勉強になったり、役に立つことも多い。

少しくらいのイントネーションの違いや訛りは、むしろ自分のチャームポイントと考えて、どんどん会話に加わること。もっといえば、誰にも真似のできない、「自分だけの武器」と位置づけして、逆活用し、存在感を示すこと。

訛りで話すことも、都会では一種の「自己開示」になる。訛りを隠して、お行儀よくふるまっている人は、結局は、自分をアピールできないのではないだろうか。少々の訛りをまじえてはきはきと話す人のほうが「感じのよい人」と思われ、周囲は信用して、温かく迎えてくれるのである。

6　さりげない「言葉と気配り」でポイントを稼ぐ

初対面で最初に目がいくのが、相手の容姿や服装などの外見、次に気になるのが、話し方だろう。しぐさや表情が性格や品性を物語るように、その人の話し方にも性格や気品というものが表れるのである。

だからといって面接マニュアルにあるようながちがちの敬語を使えばいいというものでもない。時と場合によっては、過剰な敬語表現はかえってイヤミになったり、相手に堅苦しく思われることにもなりかねない。

敬語表現は、尊敬語と謙譲語、丁寧語と分かれており、同じ行為の尊敬語でもさまざまな表現があって、完璧に使いこなすことは長年使い慣れた人でなければ難しい……というのが、世の定説である。その敬語表現に挑戦して、「敬語を使わなければ」と思うあまり、自分でもおかしな日本語になってしまったという失敗経験のある人も多いのではないだろうか。

よほど目上の人との公式な席ということでもなければ、そんなに神経過敏になる必要はないのではないのか。「です・ます」の丁寧表現ができ、尊敬語と謙譲語の混同さえなければ、とくに問題はないと思うが、どうだろうか。

あとは、状況に応じた気配りができるか否か、である。むしろ、この「気配り」のほうが敬語よりも難しいのかもしれない。

レストランで、それぞれが席につくときに、ずかずかと入っていって、奥の席にどっかと腰をかけるようでは、それまでに敬語が完璧にできていようと、「気の利かない人だなあ」と思われるだろう。それまでの敬語が完璧だっただけに、「気配りのない行動」がよけいに目立ってしまうことにもなる。

「○○さん、奥の席へどうぞ」……このひとことがさらりといえるだけで、あなたに対する評価はずいぶん変わってくるだろう。

とくに相手が目上の人、女性の場合は、上席を譲る、道を譲るといった気配りは大切だ。いや、これは気配りというより、世の中のルールとして定着していると考えたほうがよい。

いずれにしても、そのときに、ただ黙ってうしろからついていくのではなく、「お先にどうぞ」ということをそえることがポイントである。そのひとことで、相手は「この人は気をつかってくれているんだな」と、わかってくれるわけだ。

また、質問されて、「はい、そうです」のひとことで会話を切ってしまうのではなく、「○○さんはいかがですか?」と、会話をスムーズにつなげていくための気配りもほしいところだ。

初対面にふさわしい「丁寧さ」と相手への「親しみ」を備えた敬語がさらりと使える人は、確実にポイントが高くなる。

「どうぞ」「～はいかがですか?」「～してもよろしいですか?」……これらの言い回しが使える人は、どのような場に出ても、人にうっとうしがられることはないということだ。

こんなことをいってはナンだが、そんなに美人ではない人でも、その場に応じた言葉づかいと気配りができる人は「すごい美人」に見えてくるというのも、人間の心理なのである。

7 あえて名前を呼んで、「親しみ」を抱かせる

自分の名前を覚えてもらうことも大切だが、そのためにはまず、自分から相手の名前を覚えて、あえて「名前で呼ぶ」ことを勧めたい。

「あなた」「社長」「お客さま」「先生」……などの一般呼称ではなく、「山田さん」「山田社長」と個人名で呼ぶこと。自分の名前を直接呼ばれる心理効果は想像以上に大きく、相手は「自分に話しかけている」という意識が高まり、そう呼びかけてくれた人への親近感がわくことになる。

また、あなたが名前で呼んだことで、相手もあなたを名前で呼ぼうとする……というのも、自然な心理のありようだろう。こうして、お互いに名前で呼び合うことによって、肩書や立場を越えた、一対一の「個人的な関係」を意識させることにもつながる。

わざと相手の名前を呼んで、親近感を抱かせる……これは、客商売の人や営業セールスマンの間では、よく知られた心理テクニックである。

バーのマスターが、「お客さま」ではなく「山田さん」と呼びかけると、客は、「あっ、マスターは俺のことを覚えていてくれたんだな」と、イヤな気持ちはしないものだ。その他大勢の客のうちのひとりではなく、自分を大切な客として認めてくれているのだな……と思えてくるのである。

名前については、それを公に意識させることで、やる気や責任感を喚起させるという心理効果も知られている。ある店で、店員にネームプレートをつけて接客させたところ、売り上げがあがり、ミスが減ったという報告もある。同じ仕事でも、匿名でやっているのと自分の名前を掲げてやっているのとでは、仕事への意欲も違ってくるのである。

また、知人の前ではタバコのポイ捨てをしないけれども、知らない人の前では平気という人に、名札をつける。たったそれだけで、彼は知らない人の前でもポイ捨てをしなくなるという。それだけ私たちは「個人として特定化される」ことに対する意識は強いものがある。

人と人との関係においても、同じことがいえる。

初対面で自己紹介しあったら、相手の名前をしっかりと覚えておく。そして、会話のときには、さりげなく「○○さん」と声をかけてみる。おそらく相手は、「一度いっただけで、私の名前を覚えてくれたんだ」という驚きと喜びの気持ちがわいてくるだろう。ふつう、関心や好意を持てない人の名前はなかなか覚えられないものだ。それを覚えていてくれたということは何を意味するのか。

「この人は私に好意を抱いてくれている」

と相手が思うまでに時間はかからないだろう。そして、同様の好意をあなたに向けてくれるはずだ。なぜなら、人は、

「自分に興味を抱いてくれる人に興味を抱く」

「好意を抱いてくれる人に好意を抱く」

という心理法則を持っているからだ。これは「好意の返報性《へんぽうせい》」といわれるもので、この心理がお互いに作用することによって、人と人とは親しくなっていくのである。

8 合コンでのアピールは、「相手の立場」も考える

男女の出会いの場として使われる合コンやお見合いパーティの席では、あまりにかしこまった作法にこだわると、楽しもうとする全体の空気を壊してしまう恐れもある。合コンでは同性のメンバーは友人や知り合いだったりすることも多いので、会社や仕事上での出会いほどには緊張しなくてもよいだろう。

ただし、場を盛り上げようとするあまり、または親近感をアピールしようとするあまりに、相手をいきなり呼び捨てにしたり、肩を抱いたりする行為は慎重にすること。前項で説明したような、親しみやすさをアピールしたつもりかもしれないが、なれなれしいと思われると、場は一気にシラケてしまうものだ。

最初に「はずして」しまうと、なかなか修正がきかないのだから、初めからドッといくのではなく、じょじょに気持ちをヒートアップさせていくのがよい。

同様に、目当ての女性を見つけたとしても、焦りは禁物だ。女性のグループが全員同

じ会社で知り合いの場合は、グループのなかにひとり、リーダー格が存在する。露骨にひとりの女性にアプローチすれば、そのリーダー格が気分を害して、合コン自体がうまくいかなくなる場合もある……というのは、ある合コン熟練者が教えてくれたことだ。また、かりに、その目当ての女性のほうもあなたに気があったとしても、リーダーににらまれるのがイヤで、あなたの誘いを断ってしまうこともあるだろう。

合コンに参加した女性は、男性よりも同性の友人に気をつかう傾向があるようだ。男性から好意を持たれることが嬉しい反面、ひとり目立ってしまうことを気にする……という微妙な心理に揺れ動いている女性は少なくない。

「自分だけがモテた」のでは、申し訳ないという気持ちが生じるのかもしれない。同性の友人に嫉妬されるかもしれないという恐れがあるのかもしれない。そのあたりの女性特有の心理を読んで、行動を考える必要があるだろう。

積極的なアプローチは、少なくとも全員とひととおりの会話をかわして、お互いの基本的なことがわかってからにすること。

そうやって仕入れた相手の趣味や嗜好などの情報をもとに、あらためて会話を盛り上げていこうという慎重さが大切だ。

もし、あなたと目当ての女性の席が離れていて、トイレに立ったときを利用して近くの席に移動しようと思ったら、真向かいより、斜め向かいの席に座るのがベターだ。斜め前方のほうが、相手もリラックスするので、話もはずみやすい……と、ここまでは合コンのプロローグなのである。

こうしておいて、本番の二次会ではなんとか隣の席をキープすること。やはり目当ての女性との仲を深めるには、じょじょに接近して物理的にも距離をつめていくことが基本戦略というわけだ。

9 目立った売りのない人は、「サービス精神」に徹する

「自分には異性にアピールできるポイントがない」

と思っている人は大勢いるに違いない。

「容姿もスタイルも十人並みだし、それほどおもしろいことをいえそうもない」

「これまでも、合コンなどでモテたためしがない」

……などなど。確かに、第一印象として目立つタイプではない人もいる。しかし、それならそれで、「自分にできること」はしなければなるまい。初めからあきらめているのでは、なんのための合コンに参加するのかわからない。

容姿や性格には、人によって「好き嫌い」がある。なかにはハンサムな人はとっつきにくくて抵抗がある、身長の高い人より低い人のほうがいい……という女性もいる。

十人十色、好みはさまざまというわけだが、ただひとつ、「優しい人が嫌い」という人はいないのではないのか。「ワイルドな人が好き」という女性でも、そのワイルドさ

のなかに優しさを感じられなければ、おそらく好きにはなれないだろう。

「優しさ」というのは、男性、女性に関係なく人として求められるものであり、最大のアピールポイントである。ただし、押しつけがましくなると、ただのひとりよがり、自己満足にしかならない。あくまでもさりげなく……が肝心なのだが、この「さりげなさ」がなかなか難しい。

例えば、女性が座るときに椅子を引く。料理をとろうとしているときに、さっとその皿を近づける。飲み物がなくなっているのにいちはやく気づいて、「なにか飲む?」と声をかける。このような優しさをさりげなくできる男性が、女性にとっては好ましく思えるようだ。

その点、欧米の男性などは、このへんの女性へのサービスがうまく、レディファーストの精神が身についていて、海外へ行った日本女性は感動することも多いと聞く。

普段は気の利かない人でも、目当ての女性には、それくらいの気配りはできるはずだ。彼女の表情やしぐさを観察して、いまなにがしたいのか、どうしてもらえば喜ぶのか……と想像してほしい。

自分の気持ちを読みとってくれた人に「優しい人だ」と思い、好感度が高くなるのは当然である。「かっこいい」「頭がいい」「仕事ができる」などよりも、「優しい」ことが女性のハートにぐっと迫るアピールポイントになるのである。

ただし、「いかにも」風のやりすぎは厳禁だ。うっとうしく思われたら「次に会う機会」もなくなるのだから。

10 声をかけるときは、「容姿よりもセンス」をほめる

相手の趣味についてはは自分がくわしくないし、自分の趣味には相手があまり興味がありそうにない……と思いはじめると、なかなか会話のきっかけがつかめないものだ。

「なにを話しかけていいのかわからない」

「どういう話題なら相手が関心を持ってくれるのか」

と、頭を悩ませるわけだが、そんなときは相手の服装や髪形、持ち物に注目すること。

一般的に、女性は男性よりも、自分のファッションやヘアスタイル、アイテムにこだわりを持っている。「とりあえず、なんでもいいや」という格好をしている女性はめったにいない。しかも、何かの集まりに着てくる服装や持ち物には、全体の印象も考えて、より慎重に選んできている。

そのポイントを見逃すのは、もったいない話である。

「その服、かわいいね。よく似合っているよ」

「これ、ちょっと変わってるね。どこで買ったの?」

そんなちょっとしたひとことが、相手を喜ばせ、饒舌《じょうぜつ》にさせる。いろいろ考えて選んだ自分のファッションが認められた、気づいてくれたという嬉しさもあるし、それをわかってくれたあなたになんらかの興味を持つことは当然だろう。

じつはこの手は、ナンパ師が使うテクニックでもある。自称「ナンパの達人」という人の話では、「ねえ、いまヒマ?」「なにしてるの? カラオケでもいかない?」と声をかけるのは「素人の口説き方」ということだ。確かに、実際は時間を持て余している人でも、「ヒマ?」と聞かれて「ヒマよ」とは、そうそう答えないものだ。

彼らはまず、相手の外見をじっくり観察してから、ポイントを決めて「ねえ、このバッグ、この間出たばっかりのやつだよね、色がいいんだよね」などと、まず服装や持ち物に関心を示す。それが自分のお気に入りのものだけに、女性も素直に答えやすくなる。そうやってきっかけをつかんでから「ねえ、時間ある?」と誘えば、成功率はぐんと上がるということだ。最初のひとことで警戒心も解け、少しずつナンパ師のペースにはまっていくわけだ。

●ほめ言葉に弱くない女性はいない

●女性をほめるなら、容姿やスタイルよりもセンスのよさをほめろ
……「ナンパの達人」は、ある意味、女性の心理をつかむスペシャリストでもあろう。
実践で得た彼らの言葉にはなんともいえぬ説得力があるではないか。

11 別れ際には、次につながる「ひと押し」をする

初対面で、最初に視線をかわしたときと同じくらい重要なのが、別れ際のしぐさである。別れ際の印象というのは、相手にとっては「あなたについての最新の記憶」であるから、それだけ強く心に残りやすいのだ。

別れ際にすべきことは、次につなげるための「ひと押し」である。そのためには、

「今日は楽しかった」

「あなたに会えてよかった」

「また会えると嬉しい」

「今度、いつ会える?」

……などの、展望のある台詞を、自分の言葉で伝えなければならない。もちろん、照れずに、きちんと相手の目を見て、だ。

そこでちょっとでもいい反応が返ってきたら、相手の連絡先を聞いたり、自分の連絡

先を教えたり……といった「事務的な作業」に入ること。気持ちが高じているときほど、事務的な作業の「詰め」がおろそかになりがちだから要注意だ。

また、ここまでうまくアピールできなかった人にとっては、「今日はあんまり話せなかったけど、また会いたいね」と言葉をかける最後のチャンスとなる。大ドンデン返しを狙って、思いきって、

「今度は、満月の夜に会わない？」

などと、意外な台詞をいってもよいだろう。

別れ際というのは、どんな場合でも人を感傷的にさせる状況設定ともいえるのであって、日常では少々恥ずかしいぐらいの「浮いた台詞」であっても、真面目に受け入れてくれる場合も多い。だから、次につなげるための絶好のタイミングともいえるのである。

「別れ際のアピール」は、合コンだけでなく、仕事先などの状況においても必要だ。それまでにどれだけ打ち解けて、リラックスした状況になっていたとしても、最後はやはり姿勢を正して、

「これからもよろしくお願いします」

とあらためてきちんと挨拶する。「気の合う人」「いい感じの人」という印象に加えて、

「しっかりした人だ」
「けじめのついた人だ」
という、さらなる好印象を与えることができるだろう。この印象が「次もまた」という継続性を確保するわけだ。

別れ際というのは、初対面と同じくらい大切であることも忘れてはならない。

また、「もう二度と会うこともない」という別れもある。男女の別れ、家族との別れ、友人との別れ……と人生は出会いの数だけ、別れもある。人との出会いは期待感やわくわくした感情が生ずるが、別れは物悲しい。

だからこそ、別れ際はすっきりとしたい。一期一会《いちごいちえ》、という言葉があるが、今生《こんじょう》の別れというわけでなくても、ひとつひとつの別れを大事にできる人は、新しい出会いも大事にできる人だろう。「長くつきあっていきたい」人は、「別れるのが惜しい」人であり、別れ際が美しい人でもある。別れのつらさと悲しさを知っている人が「感じのよい人」といえるのかもしれない。

12 初めてのデートでは、「ドキドキさせる」仕掛けをする

初対面での出会いがうまくいったとしたら、相手の印象が薄れないうちに次の約束をとりつけたい。一発目が効いているうちに、「二の矢、三の矢を放つ」こと。

この二度目の出会いが、うまくつきあっていけるかどうかの正念場で、最初の印象をより強くできるか、それとも「ただの人」で終わってしまうか、「二度目の効果」の持つ意味は大きい。

最近はEメールでデートに誘うケースが増えているという。手紙では仰々《ぎょうぎょう》しいし、電話では相手の都合が悪いときにかけてしまう心配がある。その点、Eメールなら、文面も堅苦しくならずにすむし、都合のいいときに見てもらえるという利点がある。デートに誘うには、格好のメディアかもしれない。

初めてのデートで、ただ食事をしましょう、飲みにいきましょう……では、芸がない。よほど話術に自信があるか、いい店を知っているというなら話は別だが、そうでなけれ

ば、自分の企画力のなさを教えるようなものだ。ここはやはり、相手と「一緒になにかをする」ことを勧めたい。

もし、あなたが運動神経に自信があって、相手もスポーツに興味があるのであれば、テニスやゴルフなど、一緒に汗を流せるデートを考えよう。

ただそのスポーツを楽しむ、汗を流して気持ちがいい……という以外にも、ふたりの仲を深める効果が大きいからだ。

緊張したり、怖い思いをしたり、運動したときは、脈拍があがって心臓がドキドキすることは誰もが体験している。しかしまた、胸が高鳴ってドキドキするのは、好きな異性を前にしたときにも起こりうる生理現象だろう。

人は、ときとして「心臓がドキドキする」理由を「錯覚する」ことがあって、例えば、心臓がドキドキしているのは本当は恐怖のせい、運動をしたせいなのに、目の前にいる異性にときめいているからだと無意識的に思い込んでしまうことがある。

「そんな馬鹿な！」

と思う人もいるかもしれないが、数々の心理学の実験でもそれを裏付けるデータが出ている。

運動をすれば、「胸が高鳴った」状態になるのは当然で、相手がそれを錯覚して、あなたへの思いのせいだ……と思ってくれるかもしれないではないか。

まあ、錯覚してくれなかったとしても、「一緒に汗をかいた」ことによって、あなたへの親近感、あるいは一体感はアップしているに違いない。

これで、よりおいしく食事やお酒が楽しめる準備が整ったわけで、チャンスの継続性を確保したのである。

13 遊園地で女性がしがみついてきても、「勘違い」しない

「そんなことをいわれても、自分は運動が苦手だ」

「相手はどうもスポーツ好きとは思えない」

そういう人は、遊園地やテーマパークへ誘うという手がある。ジェットコースターやお化け屋敷でも心臓はドキドキするし、同様の効果が期待できるからだ。

とくに、恐怖心から生まれる「ドキドキ」を演出すれば、二重の効果になる。

第2章で書いた「親和欲求」の話を覚えているだろうか。不安や緊張が高まったときに、そばに誰かにいてもらいたいという欲求のことだ。親和欲求は女性のほうが強い傾向がある、と述べた。驚いたときや恐怖を感じたときに、そばにいる人に思わずしがみついてしまう女性が多いのは、そのためである。

ジェットコースターやお化け屋敷では、恐怖を感じた相手があなたの腕や肩をつかんでくる可能性はじゅうぶんにあるのだから、期待もできよう。

「相手の体に触れる」というのは、究極の愛情表現である。あなたの体に触れたのは親和欲求のせい……と気がついていない女性は、それをあなたへの「親愛の情」のせいだと解釈してくれるかもしれないではないか。

前項で心臓がドキドキする理由を誤って解釈するという話をしたが、私たちは、ときとして自分の行動と感情の因果関係を整理できないときがある。

例えば、「悲しいから泣く」と一般的に思われているが、逆に「泣くから悲しくなる」ということもありうる。生理学的にも心理学的にも、「感情が先か、行動が先か」という問題はいまだに決着のつかないテーマである。

要は、熱愛中の恋人同士がやる行動を、相手がとっさにとってしまうような状況をつくることが、ひとつのテクニックになるわけだ。

ただ、女性のほうが「相手に触る」という行為に抵抗は少ない、ということをつけ加えておきたい。特別な感情がなくても、異性の体に触れるケースは女性に多い。「なに、馬鹿なことをいって！」と冗談っぽく、人の肩を叩くこともあるだろう。だから、相手が自分の体に触れてきたといって、「この人は自分に気があるのでは……」と思い込んではいけない。

「自分に気があるのではないか……この人は自分にほれている」という「思い込み」や「勘違い」が多いのは男性のほうだ、という定説があることも覚えておくこと。同時に、触れられることに抵抗を示す女性も多いことも忘れてはならない。

14 初対面で失敗したときは、「逆転の印象づけ」で盛り返す

初対面の第一印象が大切で、そのためにはどうすればいいかという話を進めてきたが……それでも初対面のときに失敗してしまったらどうすればいいのか。

確かに初対面での印象は強く残る。しかし、失敗したからといって、「もうダメだ」とあきらめてしまうことはない。というのは、その悪い印象を覆すイメージを与えることができれば、それは、ただの好印象ではなく、すごい好印象になるわけだ。もともとの印象が悪かったために起こる心理作用だ。

最初の印象やイメージが覆されたときのインパクトの強さがどれほどのものか、あなたにも経験があるだろう。

「できないやつだと思っていたのに、こんなにすごいことができるとは……」

「おとなしい人だと思っていたけど、やるときはやるんだ……」

と、感心させられる。それまでのイメージが悪かったために、ちょっといいことをし

ただけで、ものすごくイメージアップするわけである。

逆に、いいイメージの人も、それが崩れたときは恐ろしい。

「あんな人とは思わなかったのに……」

などと、裏切られたような思いがするだけに、そのマイナス面はより強烈に植えつけられることになる。

人の心というのは、そういう「しくみ」になっているのだから、初対面で失敗したことは、むしろ「逆転の印象づけ」のためにはよかったと割り切って、修復につとめること。

もし、仕事先で相手を怒らせてしまうくらいの失敗をしでかしたとしたら、まず素直に謝罪の意を示すこと。

電話やメールですませるのではなく、文書で正式に謝り、「文書での失礼」を述べてから、あらためて「会って謝る機会」をつくってもらえるようにお願いをすること。

それがきっちりしたものであれば、先方も「あの一回で判断するのも早計か」と考え直して、もしかすると、

「自分の非を素直に認められるとは……これは、なかなかの人物かもしれない」

と、見直してくれるということになるかもしれない。

人間の本当の価値や本性というのは、逆境のときに表れるものといわれる。うまくいっているとき、成功しているときは、心にも余裕があるし、他人にも優しくなれる。しかし、失敗したとき、うまくいっていないときは、それが難しい。だからこそ、失敗したときに潔く自分の非を認め、相手に気をつかえる人には、他の人にはない価値を見出すことになるのだろう。

人と人との関係というのは微妙なもので、絶対にうまくいく方法がない代わりに、絶対にダメになるということもない。その人が「もうダメだ」とあきらめない限りは、である。

粘り強く人に接する、それが最終的に豊かな人間関係を築く秘訣なのではないだろうか。

第4章

要注意！　こんな「しぐさ」は嫌われる

1 いつでもどこでも「声が大きい」のは、耳障り

「おはようございます」「いらっしゃいませ」「ありがとうございました」……と、ある企業は新入社員に大きな声を出させる研修をするのだそうだ。

はつらつとした挨拶は、取引先や顧客の気持ちをつかみ、社内の雰囲気づくりにも効果が大きい。同時に、当の本人の意識も変える……つまり、大声を出させるのは、自己啓発のひとつでもあると考えているのだろう。

確かに、挨拶にかぎらず、普通の会話も、はっきりとした声を出したほうがいい。とくにビジネスがらんだ会話では、イメージ戦略としても内容伝達のためにも言語明瞭であることはとても重要で、相手がなん回も聞き返してくるような不明瞭な小声では、それこそ「話にならない」し、仕事にもならないだろう。

さて、どんな場面でも、はきはきと大きな声を出せばうまくいくわけでもないことは、誰でも体験的に知っているはずだが、研修が効きすぎたのか、「大きな声」がなににも

増して価値があると錯覚している人も多い。

「わが社の紙おむつは、ごっつう安いでっせえ！　絶対、もれへんのや。なあ、買いなはれや……ええい、これはおまけや、これでも買わへんちゅうのか！」

と、しっとりと落ちついた喫茶店で、自信満々に商談をしている営業マンも、おそらく「仕事にはならない」だろう。

あきらかに「場違い」なのであって、自分の声がまわりの人にとって「耳障り《みみざわ》り」なことに思いもよらないのでは、その場の空気を読めないデリカシーのない人であることを、自らが証明しているにすぎないわけだ。商談の相手も、いたたまれなくなって、そそくさと逃げていくに違いない。

普通の人は、デパートの屋上にあるようなビアガーデンでは、わいわいと上機嫌に声を出しても、落ちついた雰囲気の店では声を抑えて、しっかりと話をする。そういうTPOをわきまえて、まわりの人の「耳障り」にならないように、その場の空気に合わせて楽しむことを心がけている。それが社会人としての、当たり前の考えだろう。

大声放出型人間というのは、「いつでも、どこでも、誰とでも」声が大きいのであって、そのほとんどは、この「地声」を自分の主張や流儀を押しつける道具として活用している。だから、いつも説教調で、まわりの無関係な人の耳にも、がんがん響いてくる。

そんなときに思うことは、

「ああ、こんな人とは秘密の話ができないな」

ということであり、それは、「仲よくなれない」ことを意味する。

相手の気持ちを考え、話の内容で人を説得できるのであれば、低く抑えた声でじゅうぶんなのである。いや、そのほうが説得力も出る。

ところが、相手の気持ちを考える習慣もなく、話の内容も陳腐で空疎な人は、地声の大きさや迫力で相手を抑え込もうとする……そういう心理が透けて見えるので、まわりの人には「騒音」にしか聞こえない。

こういう人とは、それとなく距離をおくようになるものだが、そうなるとますます大きな声で話しかけてきて、ますます離れていたくなり……これが悪循環のはじまりであり、本当に「遠ざけられる人」になっていくのである。

第1章で述べたように、人と人には、その親しさに応じた「適正距離」というものがある。同じように、「適正声量」というものもあって、このセンサーが壊れている人は、すぐに修理するか、取り替えたほうがよろしい。

2　人のなわばりに「ずかずか入っていく」のは、トラブルの元

『ゴルゴ13』（さいとう・たかを著）の主人公のデューク東郷は、相手が誰であっても、「俺の後ろに立つな！」と冷たくいい放って、じろっとにらみつける。誰にとっても、自分の背後が一番の危険ゾーンであることは当然で、このひとことで、さすが危険な状況を何度もくぐり抜けてきた一流の狙撃手という印象がいっそう強くなる。

デューク東郷にかぎらず、私たち普通の人間にもパーソナル・スペースといわれる「なわばり」があり、他者がここに足を踏み入れれば緊張し、その者を排除しようとしたり警戒しようとしたりする心理が働く。

また、これに通ずる心理で、人は、権威や畏敬の念を持つ人物のなわばりには入りにくいもので、J・F・ケネディが大統領選挙で当選したという報告が届いたとたん、それまで彼を取り囲んでいた支持者たちが、あっという間に一〇メートルくらい遠ざかっ

たという。権威がなわばりを一気に広げた典型的な例といえるだろう。

普通の人のパーソナル・テリトリーは、体の前面が約一五〇センチ、側面と背後が約一〇〇センチの空間といわれ、このエリアに他者が侵入してくれば心がざわざわし、警戒心や嫌悪感が神経回路を走り出すことが心理学の実験で証明されている。

ただし、このなわばりの面積は、近づいてくるのが親しい人ならばぐっと縮まり、不審な人物ならば急激に広がることは、あなたも納得できるだろう。

性格的な要素もあって、寂しがりやの人や物怖《ものお》じしない人は、なわばり意識が小さく、そのぶん、さまざまな人が近づいてくるので友だちも多い。

逆に、内向的な人や心配性の人は、人への警戒心が強いぶんだけなわばり意識は大きく、本当に信用できる少数の友人と長くつきあうという傾向がある。デューク東郷は、まさに後者のタイプである。

また、同性よりも異性に対するほうが、なわばり意識は大きくなるが、夫婦や恋人のような関係ができあがれば、ぐっと狭くなる。これも納得できるところだろう。

さて、そういうわけだから、部下の女性に必要以上に近寄る上司が嫌われるのは、当然である。また、男性同士であっても、近づきすぎるのはトラブルの元だ。

男子トイレで、ひとりで用を足すときと、ふたりで並んでするときとでは、その所要時間が違ってくるという。実験では、

●ジッパーを下げてから排尿開始までの時間

●排尿開始から排尿終了までの時間

の二点について調査した結果、ふたりで並んでするときのほうが、ひとりで用を足すときよりも、排尿開始までの時間が長くなり、排尿時間は短くなるという。

自分のなわばりに他人が侵入してきたために心理的な緊張を強いられ、出るものも出なかった……ということであろう。

安心して用を足し、放尿の解放感を味わいたいときは、「俺の横に立つな！」と、冷たくいい放って、じろっとにらみつける「しぐさ」も身につけなければならないのである。

3　親しさの「押し売り」は、逆効果

「よお、久しぶりー。○○ちゃん、どうしてたの？」

と肩に手を回して話しかけるのは、テレビのプロデューサーに多いのだそうだ。

また、後ろからいきなり肩をもみはじめて、

「○○ちゃん、こってるね。最近、ちょっと働きすぎなんじゃないの？」

というのは、広告代理店の営業マンに多いのだそうだ。

この「ちゃん」づけも、やたらと人の体に触るのも、親しさを強調したいがゆえの行為なのだが、それよりも、その相手がデューク東郷だったら、今頃、命はないのだから、いくら業界の習慣とはいえ、危険きわまりない「しぐさ」である。

これはすでに、なわばり意識を取り払った「しぐさ」であり、もっと親しみたいという欲求から「触る」という行為に発展するわけだ。しかしこれも「お互いの親しさに応じて」という前提がなくてはならない。

人のなわばりにずかずかと入って、許可なく触ったら、相手は「必ずしもいい気はしないかもしれない」という想像力に欠けた、要は、人の気持ちを推し測る習慣のない人、もっというなら、「図々しい人」と見られやすい。あるいは、

「スキンシップが大切なのよ、人と人なんだから仲よくしなきゃ、なあ、そうだろ？」という押しつけがましい人は、人はそれぞれで、十人十色だ……という意識に欠けた人で、「人って、そういうものだから」と、一般化した「人というもの」を信じ、誰に対しても、ワンパターンの「しぐさ」しかできない人だ。これが、よくも悪くも、図々しさの原点ともなるのだろう。

一方で、「図々しくない人」は、スキンシップによって、人との関係を円滑にしていく技術を身につけている。握手ひとつで投票用紙に名前を書かせる政治家や、ひじのあたりに軽くタッチして接客するホステス。あるいは、ミスをした部下や失恋した友人の肩を軽くタッチして励ます人……など、相手の気持ちを汲んだ「しぐさ」ができる。

つまり、スキンシップは、相手が潜在的に欲しているときにこそ、効果があるということだ。自分が親しさを強調するために、あるいは、相手への安易なサービスのつもりで年がら年中用いるのでは、逆の結果になるのである。

スキンシップは、親子や男女関係における大切なコミュニケーション手段で、幼少時に、じゅうぶんに母親と触れ合うことができたか否かが、その人の一生を左右するほどの影響力を持つといわれている。

大人も、信頼できる人との交流を欲し、身を寄せ合ったり、肌が触れ合うことを求めているが、そこは十人十色なのである。

近づいてほしくない人や触れてほしくない人もいれば、放っておいてほしいときや、距離感を保ってほしいときもある。

「そのときの、その場の、その人の心理」を察知するセンサーが機能するかどうか……が、人から好かれる人と嫌われる人の分水嶺《ぶんすいれい》であるようだ。

4　「身振り」が大きすぎると、自己アピールがイヤミになる

テーブルにひじをつき、親指と人指し指のあいだにあごを乗せ、眉根《まゆね》をよせて思考にふける……なにか思いついたことでもあるのだろう、鼻にかかった声で話しかける。そんな人が身近にいたら、おそらく、

「きみは、いつから田村正和になったのだ?」

と、からかいたくなるのも人情だろう。

あるいは、後ろから声をかけると、うねるように首を回して歌舞伎で見得《みえ》をきるように振り返る人には、

「よっ、成田屋!」

と、思わず声をかけたくなるではないか。

ある人は、なにかのトラブルが起きると、頭を両手で抱えて、

「オー・マイ・ゴォッード!」

と叫んで、天を仰ぎ、次には両手を広げて首を左右に振り、
「アンビリーバボー!」
と、眉間《みけん》に深いしわを寄せて苦悩の表情をつくるのだから、「なにを、いちいち大げさな……」と、乾いた笑いがあたりをつつむ。

なにかと「身振り手振りの大きい人」がいるのも、それはそれで楽しいものだ。

なぜ、こうなるかといえば、ひとつは単純な模倣で、外国人と同じように喜怒哀楽や物事の説明をオーバーに表現するとカッコイイという意識がある。

もうひとつは、自分の言語能力では表現できないことが多く、身振り手振りで自己表現するしかない状況なのかもしれない。

しかしまあ、実際には、海外に行ったわけでもなく、日本語が不自由でもないのに、必要以上の身振り手振りを多用する人がいて、こういう人に、「成田屋!」といいたくなったり、まわりの人はしらじらしい空気を呼吸することになる。

こういう人の心理としては、自分の主張、気持ち、考え……などをわかってほしいという欲求が基本にある。

自分の存在を相手に訴えたい!

その欲求が強いために、言葉でじゅうぶんに足りることをさらに身振り手振りで押し出したいという気持ちの表れだ。その裏には、自己顕示欲の強さが見てとれる。まわりの人に「認めてもらえない自分」がいる。そんな自分をアピールするための「しぐさ」であり、自己顕示欲の表れであり……案外、そういう人の心の中は寂しいのではないのだろうか。自分の本音を隠すことはたやすくはないのだ。

身振り手振りの心理は、だいたいが「本音を隠すため」に多用されるケースが多く、あまりに不自然な身振り手振りをする人の本音は、その「見栄えのよさ」とは対極にある場合も多い。

5 これが、若い女性が嫌いな「中年男性のしぐさ」だ！

若い女性にいわせると、「嫌いな中年男性のしぐさ」というものが、想像以上にたくさんあるらしい。

●喫茶店のおしぼりでゴシゴシと顔をふく、あるいは首や脇の下までふく
●人前でつま楊枝を使う、または楊枝をくわえたまま歩く
●食事中にベルトをゆるめる
●本のページをめくるときに指をなめる

……と、ここまでは、まだ耐えられる人もいるだろうが、

●道端に痰《たん》を吐く
●人前で鼻毛を抜く

……と、こうなると、妙に想像力がたくましくなり、絵となって浮かんでくるから困る。なにも、若い女性ならずとも、誰もが嫌う「しぐさ」といえるだろう。

誰にも、自分では気がつかないけれども、他人から見ると不愉快に思える癖があるから要注意だ。昔の人は、「なくて七癖」「人の振り見てわが振り直せ」など、ありがたい言葉を残してくれたが、これは、自分で注意するより手はないようだ。

とくに食事中の癖には注意したい。

なん人かでテーブルを囲んで食事をするという状況は、その人の教養や性格が明らかにされる場になることもたびたびある。小さな「しぐさ」が、ただの癖として見過ごしてはもらえないのだから怖い。おまけに、「楽しい食事を台無しにする人」という見方をされれば、もう誘われなくもなるだろう。

そばは、通によれば、音を立てて食べるものだという。しかし、つゆを周囲に飛び散らせてはいけないだろうし、音にも限度があるだろう。

●食事中に鼻をかむ
●奥歯にはさまったものを取ろうとして、「チィッツ」と音を立てる
●水を口の中でグチュグチュする
●同じテーブルにいる人が、まだ食事中なのにタバコに火をつける
……みんな、食事中の嫌われる「しぐさ」だ。

こうして見ると、嫌われる「しぐさ」には、ひとつの共通点がある。

それは、本人にとっては「生理的に気持ちのいいこと」なのである。もちろん、悪気などあろうはずもなく、ただ気持ちのいいことをしようとすると……それは、個人的な生理をそのまま出すから嫌われる、ということなのだ。

見方によっては、小さなことかもしれない。悪意もないことだ。

しかし、人と人とは、小さなことで好きになったり嫌いになったりするものだ。多くの離婚経験者は、「その原因は小さなことの積み重ね」と述べている。「小さなこと」は、思っているほど小さくないのである。

「これは俺の癖で、子供の頃からのものだからしかたがない。いいじゃないか、誰に迷惑をかけるわけじゃなし……」

と、あくまで自己主張する人もいるが、これはやめたほうがよろしい。迷惑なのである。

6 「貧乏ゆすり」をする人は、みんなを貧乏にする

電車を待つ人の列には、東京と大阪で明らかな違いがある。

東京では、整列乗車を心がける人がほとんどで、列に割り込むような人がいれば、まわりの人がキツイ視線を投げかけ、そこには気まずい空気がただよう。

大阪では、一見、整列しているように見えても電車のドアが開くと、「われ先に」と、車内へなだれ込むのが当たり前。早い者勝ちというのが無言の約束で、乱雑だなあ……と思いながらも、それなりに清々しい空気がただよっている。

これは、順応性では東京人が勝り、行動力では大阪人が優位に立っているということだろうか。どちらにしても、その地域のルールにのっとって動いていれば、人の動きもスムーズで、気持ちも穏やかになり、他者とのケンカも起きず、「一番いい」のであろう。

しかし、東京にしろ大阪にしろ、このルールに従うことを潔しとしない人もいて、い

らいらしながら時計を見たり、新聞を閉じたり開いたり……おまけに、足元はがたがたと貧乏ゆすりをし、まわりの人をいらだたせる。

電車を待つのがイヤなのか、なにかの不安があるのか……どちらにしても、駅のホームで、「みんなのルール」に従わず、いま起きている「よくないこと」、あるいは、近い将来に自分に起こるであろう「よくない出来事」に気をもんでいるということだ。

貧乏ゆすりの「しくみ」は、小刻みに足を動かすことによる刺激が神経を通って脳細胞へ伝わり、その結果、心の不安や緊張が和らぐ……だから、貧乏ゆすりは「やめられない、とまらない」のであろう。

会議中や学校の授業中に、テーブルや机の下で、手の指先をこまめに動かしている人を見かけるが、これも心理的には貧乏ゆすりの一種で、心の不安や緊張を体で解消しようとしているわけだ。実際には、腕や指よりも足元を動かす「貧乏ゆすり」が多いのは、足元のほうが目立たないと潜在的に感じているからだろう。

カリフォルニア大学のロバート・ソマーの実験では、人間は、自分の心の中に立ち入られたり、なわばりに踏み込まれると、つま先で床を蹴りはじめるという。これは、人との関係においての「いらだち」が足元に表れるということを意味している。

貧乏ゆすりも、これに通ずるものがあって、他者への拒否反応に限らず、社会規範や自己への不満も原因となっている。現状と自分が望む環境とのギャップが大きいから、貧乏ゆすりをして埋め合わせ、心を安定させようとしているというわけだ。

貧乏ゆすりをしている人の顔は無表情である。本人は感情を抑えているつもりなのかもしれないが、まわりの人には、がたがた……という小刻みが、伝わってきて、それは貧乏も一緒に伝わってきているようなイヤな気分にさせられる。

自分の心を安定させようとする「しぐさ」が、まわりの人の心の落ちつきを奪い、不安にさせるわけである。ここが、貧乏ゆすりが嫌われる理由で、そのために「人という財産」を失い、本当の貧乏を呼び込むのではないだろうか。

7 「ひとりで楽しむ」人は、刺しつ刺されつができない

●団体旅行のバスの中で、ひとり、ミステリー小説を読みふける人
●四人で喫茶店に入ったのに、ひとり、漫画やスポーツ新聞を読み漁る大学生

……など、せっかくグループで行動しているのに、「ひとり」で好きなことに没頭している人がいる。思わず、

「みんなと一緒にわいわいやれば、もっと楽しいのではないですか」

と、いいたくもなるが……よく観察すれば、「断固として」その場の空気に溶け込むことを拒否している姿のようにも見えて、声もかけづらくなり、

「それじゃあ、どうしてグループ行動をしているの?」

と、新たな疑問が浮かんでくる。

「グループ行動をしたいのか、ひとりでいたいのか……どちらかひとつを選びなさい!」

と、いいたくなるような人がいる。

ちょっと前までは、

●電車の中でヘッドホンステレオを聞く若者

●部屋に閉じこもってテレビゲームに没頭する子供

……が増え、「コミュニケーション拒否の若者」として社会問題視されたものだ。しかし、確かに大人の目にはそう見えるかもしれないが、彼らのほとんどは、「ひとりの時間も楽しみたいから」なのであって、みんなと一緒にいるときはグループ活動もそれなりにでき、けっして、人との関係を拒絶しているわけではなかったように思う。

むしろ、いま書いたような「グループ活動中のひとり楽しみ」のほうがアヤシイ。まるで、「隠れコミュニケーション拒否症」とでも名づけたくなるではないか。

はたして、彼らには「人と仲よくやりたい気持ち」があるのかないのか。そして、会社や学校における、彼らを指導する立場の人も、どのような方法をとればいいのか見当もつかないだろう。「ようすを見ながら……」といいながら、処置なし。結局、人間関係の破綻を恐れ、「ようすを見る」ばかりで、ますます距離をおいてしまっているのではないだろうか。

麻雀の人気が衰退した理由のひとつは、ある人によれば、

「お互いの点棒（金銭）を奪い合うゲームの性質上、メンバー四人の性格が露骨に現れてしまうことを、若者が無意識のうちに避けるようになったから」

なのだそうだ。

確かに、バスの中や喫茶店でわいわいとグループ活動をしていれば、人と人とのトラブルが起こる確率も高いだろう。メンバーの性格が表に出てくるから、なにげない言葉に腹を立てたり、ストレスがたまったり、お互いに傷つけ合ってイヤな気持ちになることもあるだろう。

だからといって、ひとりでは寂しいし、グループの一員でいたいし……と、体は参加するけれども、気持ちはミステリー小説や漫画を読んで、自分の好きな世界に逃げ込むのがいい……ということなのだろう。

あまりにも有名な、こんな寓話《ぐうわ》がある。

二頭のヤマアラシが、寒さをしのぐために、お互いに身を寄せようとする。しかし、体からは何本もの長い針が突き出ているので、お互いの体に針が刺さる。身を寄せ合えば、暖かくなるが痛い。離れていれば、痛くはないが寒い。近寄りすぎてもだめだが、離れすぎてもだめ。そこで、ヤマアラシは近づいたり遠ざかったり……を繰り返し、暖め合いながらも針の刺さらない距離感をつかんでいくという話だ。

アメリカの精神分析医のベラックは、人と人との精神的な距離をどうやってとるべきかに迷うこのような状況を、「ヤマアラシのジレンマ」と呼んでいる。

さて、「グループ活動中のひとり楽しみ」の人は、それが痛くもなく寒くもない、ちょうどよい距離を確保したということなのだろうか。

本人は、ちょうどよい距離で居心地がいいのかもしれないが、まわりの人は自分をどう思っているのか……を、じっくりと考えてみよう。

人と人とは、お互いに、「刺しつ刺されつ」をしないと、じゅうぶんなコミュニケーションがとれないことを、ヤマアラシは教えてくれている。

漫画喫茶でデートをし、それぞれが好きな漫画に熱中して、ひとことも会話をしないカップルもいるという。あるいは、デート中のカップルが、それぞれの友人と携帯電話に夢中になり、長い時間を話し込むということもあるらしい。

よけいなお世話だろうが、こんな状態がデートといえるのかどうか。お互いに「刺しつ刺されつ」を繰り返してこそ、恋人同士のちょうどよい距離が見つかるのではないだろうか。「デート中のひとり楽しみ」から、なにが生まれるというのだろう。

8 誰にでも安易に携帯電話をかけていると、人間関係が壊れていく

前項に続く。デート中、お互いに、ちょっと気まずくなるときもあるだろう。そんなとき、女性の携帯電話に着信音が鳴り、その相手と上機嫌に話し、

「えっ、じゃ、私、そっちに行こうかな……うん、三十分後に、○×の前で会いましょ」

という台詞が聞こえてくる。それは、

「このデートはつまんないから、これでおしまい」

と、一方的に終了宣言をされたに等しい。

ふたりのデートに電話で割り込んできて、好きな人をかっさらっていくのだから、デートの相手は「トンビに油揚げ」と同じ悔しさを味わうことになる。

もうしばらくすれば、また雰囲気もよくなって、楽しいデートになったはずなのに……携帯電話のせいで……と、グチのひとつもいいたくなるだろう。

便利な物は普及するのも早いが、普及すると不便な面が見えてくるもので、

●運転中の携帯電話で交通事故
●観劇や演奏会の途中に着信音が会場に鳴り響く
●精密機器に狂いが生ずる
●医療機器や心臓のペースメーカーの誤作動を引き起こす

……などの問題もあるようだ。また、世の中の空気がざわざわと殺気だってきて、「年中師走《しわす》」のように感じるのも、携帯電話の普及と関連しているのではないだろうか。

ＴＰＯを考えて電源を切っておくことは、人への配慮ができる、常識のある人……と、自分をアピールすることにもつながる。

商談中に着信音が鳴り、その場で延々と電話を続けるビジネスマンがいる。この態度だけで、商談相手はカチンときて契約をキャンセルすることもある。本人は、なぜキャンセルされたのかわからないままのケースも多いのだろうが、電源が「ＯＦＦ」になっているかどうかで、人間性を見られているのだ。

仕事以外の、なにかの集まりのときにも、「ＯＦＦ」にしてほしいものだ。「すいません、急ぎの用件がありましたので」と、あとで謝まる人もいるが、ほとんどの場合は、「だって、かかってくるんだから（受け応えするのは）仕方ないでしょ」

というような、堂々たるイヤラシサが見える場合もある。これもまた、その人間性が見られているわけだから、気をつけねばならない。

携帯電話に出る人は、まあ、ちょっとだから……と思うのかもしれないが、一緒にいる人にとっては、案外気分を害されるものだ。せっかくみんなで話が盛り上がっているときに、ひとりだけ意識が「向こう」に行くわけで、それがきっかけで雰囲気が急にしぼむこともある。その人が電話を終えたあと、また、一から気分を盛り上げなければならないエネルギーもたいへんなものだろう。

携帯電話には、必ず本人が出る。これが気安いのだろうが、同じ用事をなん度もかけたり、ちょっとした思いつきや不安材料が生まれるたびに電話する人もいる。あるいは、家の電話にかけたら話し中だったので……と、携帯にかけてくる人もいる。

急な用でもないのに、なぜ、そんなに急ぐのか。

●自分の都合最優先の人が増えた
●繰り返しコミュニケーションすることで「友だちであること」を確認する
●「いま伝えなければ忘れてしまう」という強迫観念がある
●とにかくヒマで寂しくて、誰かと話したい……このような心理が働き、空中に情報が飛び交っているということなのだろうが、こんな心理が、世の中の「年中師走」の空気を醸成しているのだから、要は、みんながみんな、ただ忙しく、なにかに追いかけられるようにばたばたしているだけのようにも見える。

携帯電話には、親が出たり、同僚が出ることはない。つまり、「関所」もなく、直接、本人につながるために、安直にかけてしまう。しかし、便利な道具ほど慎重に使わないと、これまでの「人と人と」の関係が崩れてしまうのだから、注意しなければならない。

9 唾を飛ばしながら話していると、遠ざけられる人になる

話に熱中してくると、とんでもない「一芸」を発揮する人がいる。

●唇の両端に白い泡がたまってくる

●話の間に、リズムをとるようにググッと鼻を鳴らす

……このような人たちは、口や鼻の健康に問題のある人も多くて気の毒な一面もあるが、そのあたりの事情をわかってくれる人は少ない。早く病院で治療を受けて治すこと。

●あっちこっちに唾を飛ばしながら夢中になって話す

……こういう人も、困る。これは病院でも治らないから、もっと困る。

はたと気づくと、テーブルの上に散らばった唾の水玉模様がうっすらと反射していることがある。本人も気づいて、さっさっと手際よくテーブルをふくのだから、気が効いているのかいないのか。まあ少しは自覚があるということだろうが、一緒にいる人は、料理の上にも唾の霧が降りかかっている「絵」を想像してしまうのだから、もう遅い。

だいたい、人の体内から外に出るのは、「汚いもの」と考えておくこと。本人は、ちょっと前まで「自分の物」だったのだから気にならないかもしれないが、他人の身にもなってほしいものだ。

このあたりの認識の違いは、「足を踏んだ人」と「踏まれた人」との立場の違いと同じなのかもしれない。ひとつの出来事に対して、加害者は「少しだけ」かもしれないが、被害者は「大々的に」なのである。それが、人間の心理というものだ。

メガネに雨天中継のテレビカメラのような水滴が付き、そして……その人の唾がこちらの唇を目がけて飛んできた日には、「勘弁してくれよー」と泣きたくなる。

唾液が出やすい体質、歯並び……なども、唾が飛びやすい理由かもしれないが、それよりも、心理的な問題が大きいようだ。

その自己主張の強さが、話し方や態度に、そのまま出て、自分のいいたいことを次から次へと口にし、強引に、「わからせよう」とする。

人と楽しい会話をしたいのではなく、自分のいいたいことを一方的にしゃべりたいのであり、そのぶん、声はつらつと大きい。

これはたんに、自己主張が強いだけではなく、自分のストレス解消のためにやっているようにも思える。

「ああ、今日は胸につかえていたことを思いっきりいえたから、すっきりした。満足満足……」

と、とても幸せな気分になるのだろう。

そこには自己顕示欲も関係していて、相手の都合よりも、自分の都合を優先させたいという気持ちも強い。こういう人と向かい合わせになると、必ず、

「話す人は楽しいけれども、聞く人は泣いている」

というパターンになり、話の流れから、逃げるに逃げられなくなる。結局、「うんうん、そうですね」と、あいづちを打ち、その間も、唾の礫《つぶて》が飛んでくるのだから、つらい。

酒場のカウンター席に、三人のサラリーマンが横並びに座り、両端のふたりが議論をはじめれば、真ん中の人はどうなるか。右からも左からも、唾のショットガンで攻撃されるわけだから、席順も大切だ。相手の性格を見ながら、いちばん被害の少ない席にさっと座る……そんなテクニックも、人と人とのつきあいには大切なのである。

また、くしゃみの連発にも注意しよう。酒場でよく見かけるのが、後ろに顔を向けて

「ハークション！」とやることだ。自分の仲間に「唾を飛ばさない」という配慮なのだろうが、そのぶん、他の客のテーブルに唾を飛ばしているのだ。これも、気が効いているのかいないのか。

「自分の体内から出るものは、みんな汚い」と自覚しておくこと。これに無自覚な人は、やはり「遠ざけられる人」なのではあるまいか。

10「嫌いなもの」をアピールすると、食事がまずくなる

「好き嫌いはだめ。ピーマンもタマネギも残さずに食べなさい」

……誰もが母親に、こういわれたことがあるだろう。しかし、なかなかそうはいかないし、大人になっても「だめなものはだめ」である。また、生理的に受けつけない食べ物もあるのだから、好き嫌いも、多少はしかたがない。

しかしまあ、「好きなもの」をアピールするのはいいが、「嫌いなもの」だけを、ことさら熱意を持ってアピールするのは、やめたほうがよい。

実際、「好きなもの」は、テーマとしては「喜び」を表現できるのであり、まわりの人も楽しむことができる。また、そんなに好きなら……と、プレゼントしてもらえるかもしれないし、みんなで盛り上がることもある。

しかし、「嫌いなもの」は、テーマとしては「怒り」や「憎しみ」の表現になりやすく、いえばいうほど、攻撃的でトゲトゲしくなり、まわりの人も心が疲れて、うんざり

してくる。誇らしげに主張すればするほど、言葉の端々に「嫌いなもの」への悪意も混じり、

「タコって、大嫌い。それにピーマン！　あんな気持ち悪いものを食べるなんて、人間じゃないわ。あんなもの食べるくらいなら、死んだほうがマシ。見るのも嫌い」

……と、「これでもか」というぐらいに批判する。

しかも困ったことには、そういう人にかぎって、他の話題のときには物静かで、「嫌いなもの」を主張するときだけ、がぜん元気になり、目はらんらんとなってくる。

このような人が「大人気《おとなげ》ないと思う」のは、例えば、なん人かで酒場にいたら、「タコを注文しようと思ったけれども、やめておこう。あいつがイヤがるから……」という人がいる……と想像していないところだ。タコを好きな人は、「タコ嫌いな人」のせいで、自分の楽しみのひとつを遠慮したわけだが、そんなことには思いもかけていないようだ。なぜ、「自分の嫌いなもの」を、ことさら強烈にアピールするのか。ひとことでいえば、「注目してほしい、同情してほしい、かまってほしい」という心理の表れであり、自己顕示欲を満喫したいのである。

これは、「病気自慢」の人にも通ずる心理で、実際には、本人は病気のことを心配し

ていない場合が多いのだが、

「ええ、不整脈で、肝臓も肝硬変《かんこうへん》の疑いがあって、コレステロールも……」

「えーっ、そんなにお悪いんですか」

と、まわりの人に注目され、

「たいへんねえ。苦労なさって……」

と、同情され、

「もう、人生、そんなに長くもないようで……」

「またあ、そんなこといっちゃだめ。気を強く持って、だいじょうぶよ」

と、かまってもらうことによって、自己顕示欲を満喫できる。いうまでもないことだが、「健康自慢」の人の心理も、要は、「注目してほしい、うらやましがってほしい、ほめてほしい」ということだ。

さて、「嫌いなもの」をアピールする人も、「嫌いなもの自慢」なのであって、自己顕示欲を満喫するために、まわりの人の関心を自分に集めたいのだろう。

しかし、その自慢のネタが、「ピーマンが食べられない」というのでは、母親と幼児の会話であって、精神的に「子供っぽい人」であり、まわりの人は、

「あらあら、おしっこかしら？　それとも、おなかがすいたの？　もうちょっとだから、我慢ちまちょうね……○×ちゃんって、偉いのね……」

と、お相手しなければならないから手がかかるのである。

11 「はいはい」の〝二度返事〟は、人に不快感を与えるだけ

年齢を聞いたときに、
●「二十五」と、ぶっきらぼうに答える人
●「二十五歳です」と、しっかり答える人
……とでは、印象が大きく違ってくる。

ほんのちょっとしたことだが、「歳です」の三文字をケチったために、あとで、目に見えない「割りを食う人」も多いのではないだろうか。

友人の家に電話をかけたとき、その子供がきちんとした受け応えをしてくれると、清々しくなり、少し幸せな気分になる。その友人が「しつけ」について、どのように考えているかも想像できる。

礼儀正しく感じのよい受け応えのできる人……などというと、とくに若い人には反感を買われるかもしれないが、とても大切なことだ。なぜかといえば、

「まわりの人を楽しい気分にするから」

である。そうやって人の気持ちを引きつけていくのだから、あとで、目に見えない「得をする人」なのかもしれない。

反対に、どんなに優秀な人であっても、言葉のやりとりがぶっきらぼうであれば、イヤな気分になり、思い出しても腹立たしくなり、ますます「イヤなやつ」という印象が増幅することは、心理学の研究でも証明されている。

ちょっとした言葉づかいで、印象は大きく変わるのだが、そんななかに、「はい」といえばいいのに、なんでも「はいはい」と、〝二度返事〟をする人がいる。これは、どこか面倒臭そうな印象を人に与えるものだ。

「〇〇さんですか」

「はいはい」

「お手数ですが、××の書類、送ってもらえますか」

「はいはい」

「ついでに、新商品のパンフレットも同封してください」

「はいはい」

……こうなると、こちらの要望がきちんとわかってくれたのかどうか、不安になる。おそらく、たんなる「癖」なのであろうが、こちらが軽く見られたような不快感が残る。

●もしかしたら、右の耳から左の耳に通り抜けているだけなのではないか

●そもそも、こちらの話なんかどうでもいいと思っているのではないか

●うっとうしがられているのではないか

……など、あまりよくない感情にとらわれる。

本人としては、「ちゃんと返事はしている」ということなのだろうが、それだったら、「はい」だけでいいではないか。時間とエネルギーの無駄ではないのか。

ある上司が、電話で部下の女性の〝二度返事〟を注意した。

「はい、は一度にしなさい」

「はいはい」

「はい、は一度だ！」

「はい、は一度ですね、はいはい、わかってますよ……」

これでは、小馬鹿にされているのか、うっとうしく思われているのか……と、妙に気をまわすことにもなろう。

そして、「もう、この人には、なにかアドバイスするのはやめよう」となり、「失礼な人だから、つきあいたくない」という気持ちになっていくのも当然なのかもしれない。「言葉ひとつ」で、人の心は離れていくのだから、要注意だ。

12 「仲よし状態」を強制する人から、人は離れていく

社長室や役員室は、ビルの最上階につくることが日本の企業には多い。このビルの構造が、社員に与える心理的影響力は大きいのだそうだ。

例えば、中間管理職の人のなかには、

「上の階に行くときはうつむきがちで、下の階に行くときは胸を張る」

という姿がよく見られる……というのは、たとえ話だろうが、ともかく、権力のピラミッドが、そのままビルの構造に反映されているということだ。

部下の目からは、上司というのは業界や会社のルールをそのまま受け入れ、部下や弱者には威張り、強権を発動する人……に見えることが多いという。

社会心理学者のE・フロムは、このような性格のことを権威主義的性格と呼び、「人と人と」の愛情や友情を大切にすることによって幸福感を持とうとするよりも、権力を志向して、これを獲得することによって幸福感を持とうとする傾向が強いと分析してい

る。

彼らの行動の基本は、服従と支配であり……つまり、強者には程度の差はあれマゾ的とも思えるほど従順であるのに対し、弱者にはサド的に接するという。

相手の社会的地位によってサド的になったりマゾ的になったりして、人に対して極端に態度を変える人は、まわりの人との友情や仲間意識が生まれにくいのは当然だろう。

その心の根底にあるのは、極端なほどの孤立感の強さであり、いいなりになることや支配することで他者との結びつきを確固たるものにしたいという心理である。

反対に、人と人とのネットワークづくりのうまい人は、孤独であることに強く、少々のことでは疎外感や孤立感を持ちにくい。

だから、「他者との結びつきを確固たるものにしたい」というような欲望も小さく、どんな人に対してもサド的になったりマゾ的になったりすることもなく、温厚な態度で接することができる。

そこには、知らず知らずのうちに人の輪ができ、情緒も安定し、人と人との幸せな時間が流れるような環境が生まれるわけだ。ここが、権威主義者が望んでいる「幸せな時間」とは、決定的に違うところだ。

こう書いてくると、権威主義者の幸福感というのは歪《ゆが》んでいる。それより「人と人との和」を大切にしたい、そこに真の幸せがある……と、思う人がいるかもしれないが、そんな「型どおり」の話をしたいのではない。

これは勘違いしているのではないかと思うのは、「人と人との和」がなによりも大切……となんの疑いもなく受け入れ、

「みんな仲間じゃないか。仲よくしようよ」

と、押しつけがましいと思えるほどしつこく発言をする人がいることだろう。

「まあ、まあ、まあ……きみのいうことも、あなたのいうこともわかるけど、とにかく落ちついて話し合おうよ。人と人なんだから、お互いに、相手を受け入れる大きな気持ちで……ね。仲よくしなきゃ」

と、ケンカの仲裁に入り、トラブルを回避しようとするのだが、人が集まれば意見が違うのが当たり前で、価値観が異なるのも無理からぬところだ。

仲裁に入るのであれば、現実的になにが問題であり、どうすれば一番いいのか……と、自分なりの考えを伝えなくてはならない。

仲裁者という立場は、人生観、価値観、責任感、経験、人格……など、あらゆる面に

おいて、「人というもの」を理解していなくては、つとまらないものだ。

ところが、「みんな仲よくしようよ！」という、単なる「理想主義者」「絶対主義者」であるケースも多く、これもまた、真の友情や愛情とは無縁の、個々の目の前の現実を直視していない人の特徴だろう。

「仲よくあるために」というモットーのもとに、人の自由な意見を抑え込むのが当然と信じている人もいるのではないだろうか。

「形骸的な仲よし状態を強制する人」に、まわりの人がうさん臭さを感じ、少しずつ離れていくのは当然のことのように思えるのだが、どうだろうか。

「人と人との和」が大切なのは当然だが、そこには現実をきちんと見すえたうえで、さらに個々の自由度も大きい……という前提がなくては、やはり、人と人とは「真にいい関係」とはなりにくいということなのではないだろうか。

第5章

なぜか「勘違いな人」とはこんな人

1　電車内で平然と「お化粧」する女性

『平然と車内で化粧する脳』（澤口俊之著）という本が、テレビや新聞で話題になった。この本の、車内で化粧をするのは、一種の脳の機能障害だという主張は、賛否両論を生み、女性のなかにはかなり反発した人もいたそうだ。確かに、脳が機能障害を起こしているといわれたら不快かもしれない。しかし、まわりの人も不快なのである。

まあ、脳の機能障害か否かは別としても、車内で化粧すること自体は、やはり、社会性が育っていないということになる。ただし、時間がなくて、やむなく車内で化粧するという人もいるだろうが。

「誰にも迷惑かけてないんだから、いいのよ」

という人もいるが、迷惑になっていないというのは、はたして本当か。

化粧品が出す粉塵や揮発性の高い気体が大嫌いな人もいる。マニキュアや香水の臭いや、飛び散ったときに洋服をダメにする可能性のある化粧品もある。

電車の中でヒゲを剃り、鼻毛を抜き、おしぼりで顔をふき、耳掃除をするおじさんが目の前にいても、「あの人は誰にも迷惑をかけていないから、いいんだ」と、思えるのかどうか。

化粧は女性の文化であり、男の目からは「あーあ、恥ずかしくないのかなあ、みんなが見ているのに……」と、苦笑いをするだけのことだ。

問題は女性の目なのであって、「やめてよ、もう。信じられない」という、同じ女性としての腹立たしさがあるのではないだろうか。評論家のピーコさんは、テレビで「美人は車内で化粧はしないのが常識」といっていたが、不美人も同じである。

おそらく、電車の中は、自分だけの「私的空間」とでも思っているのだろうが、れっきとした「公共の場」なのであって、まわりの人への迷惑も考えてほしい。電車内での禁煙や携帯電話の電源OFFと同じレベルのマナーなのであるから、もっと人の目を気にしてほしいものだ。

本来、見るべきではない楽屋裏のばたばたを見てしまったような居心地の悪さ、見たくもない「忌まわしいもの」を見せられる苦痛をわかってほしい……電車内での化粧という、怖いもの知らずのふるまいに、まわりの人はびくびくしているのです。

2 「鏡を見る」のが生きがいになっているかのような人

●自分に自信がなく、いつも愚痴ばかりこぼす女性
●会社の人間関係がうまくいかないと嘆く女性
●夫が出世しないことを自分の責任だという女性
●なにをやっても楽しくなく、自分が嫌いでしかたがない女性

……と、こういう人は、まわりの人も疲れる。会うたびに、

「そんなことないよ。もっと自信を持って」

「きみは、とても魅力的じゃないか」

などと、慰めたり力づけたり……いろいろと気を回さなくてはならない。まあ、そういう女性は男心をくすぐるという一面があるかもしれないが、それ以上に、うんざりさせるもので、もっと自分を好きになってほしいものだ。

……と書いたあとに、「堂々たる矛盾」だが、自分を好きで好きでたまらないナルシ

シストというのも、これまた扱いに困る。

風呂上がりに、ボディビルで鍛えた筋肉を鏡に映してポーズをとる男性、あるいは、鏡に映った自分の姿にうっとりする女性……ナルシシストというのは、鏡の前で自分を見ることが「生きがい」になっているかのようだ。あるいは、エスカレーターの壁の鏡、自動車のドア、ミラー、ショーウインドウ……あらゆるところで自分の姿を映してご満悦である。

レストランやカフェで、窓に映った自分の顔を見ながら食事をしている女性がいる。もぐもぐやりながら、自分の顔にウインクしたり、ニッと笑ったりする……いったい、なんのために……いや、なんという自意識過剰。

美しい自分を見ながらおいしい食事をする……幸福なひとときということだろうが、毎日、自分の顔を見て飽きないのだろうか。普通は、「美人は三日見たら飽きる」のであって、この女性はいったい、どんな顔をしているのか……と、新たな好奇心もわいてくる。

「自分の姿は気になるが、人のことは気にならない」……こんな人は、人とどんな会話をするのだろうか。また、人と一緒に本当の楽しい食事ができるのだろうか。

そろそろ自分の顔に見飽きて、まわりの人の目を気にしてはどうか。

自分を好きなのはいいが、自分ばかりを見ているのは「視野の狭い人」だ。それは、「自由度の小さい人」とも同意語だ。

自分しか見えない人が、「鏡よ鏡、世界で一番美しい人は誰?」と聞き、本当に美しい人に毒リンゴを配るような人になるのではないだろうか。

3 いつも損をした気分になっている「自分で決められない人」

食事を終えて、お金も払って店を出てからショーウインドウをのぞき込んで、「やっぱり、五目ラーメンよりエビチャーハンのほうがよかったかしら……」と未練がましくいう。

五目ラーメンが期待はずれだったということなのだろうが、もう胃袋も満杯で、どうせ「食べ直し」はできないのだから、未練を持ってはいけないのだが。

こういう女性は、注文するときにも、なかなかメニューを決められないようだ。あっちがいいか、こっちがいいか……と迷いに迷って、その結果が期待はずれなので、つい、いわなくてもいいことが口をつくのだろう。

スーパーでの買い物も迷いに迷って……という話をよく聞く。献立に思案をめぐらせるのはいいが、そのスーパーには毎日通っていて、肉売り場も野菜売り場もわかっているはずなのに、どうして、あっちへ行ったりこっちへ来たり……日々、ダッチロールを繰り返しているのか。

「女性は、もしかしたら、迷うことが楽しいのかもしれない」

という人がいた。そして、その要因は、日本社会が、長い間、男性が決めて女性が従う……というスタイルでやってきたから、女性が自分で決めなければならないときには、「迷うという儀式」をやって初めて安心を得るという心理構造になっている……のだそうだ。

さて、この儀式をやっているうちに、まわりの人がどんどんと段取りを決めて、断るに断れない状況になったことはないのだろうか。

なん人かの女性が集まって「みんなで、○×に旅行に行きましょうよ」という話になる。行く気がないなら、その場で断ればいいのに、中途半端な約束をしておいて、あとで旅行のメンバーにせかされて、苦しまぎれに「私は行きたいのに、主人がダメっていうのよ」と……要は、主人をダシにして、もっともらしい理屈をつけて断るのだから、世の「主人」というのはかわいそうだ。主婦仲間の人には、

「○△子のご主人って理解がないのよ。あれじゃ○△子がかわいそう」

と話題にされることもあるのだろう。こんなことになるのも、結局は、当人が中途半

端な約束をしたからだろう。

人からなにかを頼まれて、一度は「わかった」といいながら、あとになって、「本当はイヤなんだけど、しかたないじゃないの……」などと、ぶつぶついう人もいる。それは、食事のあとで、ショーウインドウをのぞいているのと同じではないのか。

「人と人と」のつきあいにおいて、自分で段取りをつけられない、いつも優柔不断な人ほど、あとになってトラブルに巻き込まれ、自分がイヤな気持ちにさせられるのである。

そういう意味では、「自分で決める人」のほうが幸せ感は強いのではないだろうか。

4　頭の中もゴミ箱になっている「片づけられない人」

若い女性のなかには、衣服や下着をなん日も洗わない「着たまま生活」が平気な、要は、不潔な人が増えているのだそうだ。なぜ服を洗わないのかというと、

「洗濯するのが面倒だから」

というのだから、ひとことでいえば、だらしがないということなのだろう。

あるテレビ番組で特集していたのは、パンツをなん日も取り換えないという十代女性の話だった。ライナーをつけて、汚れたら取ってもう一度はき、そのあとはパンツを裏返してはく……というのだから、まるでサバイバル生活をしているようなものだろう。

女性は不潔な男性が嫌いだという。しかし男性は、あまり不潔な女性が嫌いだとはいわない。なぜなら、日本の男性は「女性は身ぎれいにするものだ」と信じて疑わないからだ。まさかパンツを四日も五日も取り換えず、ブラウスやTシャツを一週間も洗わないとは思ってもいないのである。

朝シャンにこだわり、ヘアメイクに時間をかけながら、その一方で汚れた下着を平気で身につけている神経……ぱさぱさしたカステラに派手なデコレーションを施してごまかしたケーキのようなものだろうか。

彼女たちの心の中には、

「他人に見えるところさえよければいい」

「楽できるところは手を抜いたっていいじゃない！」

……そういう思いがあるのだろう。

部屋の中も、とんでもないことになっているのだそうだ。ブランド物の服と高級なバッグでさっそうと出かけても、部屋の床には、洋服も本も食器もごちゃごちゃで、足の踏み場もないのだそうだ。食べ残しや生ゴミがそのままで妙な臭いがただよい、冬になっても夏物の洗濯物が干したままになっているという。

むかしは、「見えないところのおしゃれ」といったものだが、いつから、「見えるところだけ」になったのだろう。どうせ他人の目に触れないからいいや……ということなのだろうが、そんな彼女たちの「自己評価」というのは、どんなものなのだろう。

おそらく彼女たちは、自分の「だらしなさ」に、内心うんざりしているのだろうが、頭の中もごちゃごちゃになっていて、なにが大切でなにが要らないか……という優先順位もわからなくなっている。頭の中も、だらしなくなっているのだろうか。

「人の目に見えないからいい」という考え方がすすんでいけばどんどんいいかげんになり、日々の、人間関係や利害関係を整理して考えていく能力も落ちてくる。どうか、身ぎれいにしてください。

5 「とりあえず否定する人」に限って、なにもアイデアがない

こんな人が、どの会社にもいるのではないだろうか。なにかの相談を持ちかけられたので、上司が、

「こうしたら、いいんじゃないか」

とアドバイスすると、

「でも、そうすると××になって不都合です」

「それじゃあ、こうしよう」

「そうなると、○○さんがイヤがるんです」

「それなら、こうすればいいじゃないか」

「でも、×○さんが、どういうか……」

……と、その場の「思いつき理屈」をつけて、とにかく「できない理由」を並べ立て、いつまでも、ああでもないこうでもない……といい張る人だ。

人の言葉をとりあえず否定しなければ気がすまないのかもしれない。しかし、否定するからには、なにかの代案があるはずと思っていても、よく聞いてみれば、なんの具体案も展望もない。いつまでたっても現状維持のままで、要は、「否定のための否定」を繰り返し、一歩も前に進まないのである。

最後になって、「まあ、いろいろあるだろうが、こうやってくれ」といえば、

「じゃあ、○○になってもいいんですね。そうなっても、私の責任じゃありませんよ」

などと、ぷんぷんしながら引き返していく。

人というのは、相手しだいで、なにかをしたり、なにかをしなかったり、話をしたり、黙ったり……反応しあいながら、なにかを決めていくものだ。

ところが、なんでも否定から話をはじめる人は、

「でもさあ……いや……違うよ……そうじゃなくてさあ……っていうか、やっぱねえ……そうはいっても……無理ですよ……」

と、「できない理由」を述べるのが得意で、「それなら、きみの意見を聞かせてくれ」といわれると、

「ええ……こういう問題は、よくわからなくて」

また、意見が真っ向から違うかといえば、逆説の接続詞のあとに賛成意見が出てくるような、ちんぷんかんぷんな言葉に終始する。

「とりあえず否定する」という人は、要は、相手の意見を聞いて、理解し、自分のなかに取り込む……という心の余裕のない人だろう。いつも、まわりの人の意見にびくびくしている、臆病な人、「自分を守る」ことに精一杯の人ともいえるが、そういう人に対して、まわりの人はそれなりに気をつかっているわけである。

一度、前向きで具体的な提案をしてみてはどうか。おそらく、違う世界が見えてくるはずだ。

6 「わがままで子供っぽい人」のほとんどが、社会的には無芸だ

ストレス社会では、心穏やかに生活するのはなかなか難しい。ちょっとしたことで感情が先走って、よけいなことをいったり、誤解されたり……過剰反応をしたばかりに、後悔の念がますます深くなり、さらなるストレスをためることになる。

まあ、一回、二回は、そんなことがあってもしかたないかもしれないが、感情的になる頻度が高ければ「困った人」と認定され、行動がすぎれば「危ない人」と認定され……まわりの人が、少しずつ関係を絶つ方向へと進むのもなりゆきだろう。

普通、男性は美人を好き……ということになっているが、どんなに美人でも、情緒が安定していない人に「お近づき」になる勇気のある男性は少ないだろう。

●上司に叱られて、大声で泣きわめく新人女性
●ちょっとした行き違いに、目を三角にしてヒステリックに怒る女性
●証拠もないのに「あの女と浮気している」と信じ、食器を投げつける妻

……まわりの人にはなんでもないことでも、その人には「とんでもないこと」なのであって、いきなり爆発するのだが、こういう人は、精神的に未成熟で自己中心性が強い人だろう。「わがままで子供っぽい」といってもいいだろう。

いつも親が注目してくれたように、仕事場でも、自分に注目が集まって高い関心を持って見てくれないといらいらが高じてくる。もともとがそんな心理状況のところに、なにかの「きっかけ」があれば、一気に爆発して、あとさき考えない行動に出ることも少なくないかもしれない。

普通の人は、自分の意見や心情を誰かにわかってほしいときには、まわりの人の立場や考え方、嗜好や気持ちを考えて、自分が受け入れられやすい環境づくりをし、適切な表現と行動でアピールをしようとする。根回しをしたり、相手のご機嫌をとったり、タイミングを計ったり、言葉を選んだり……と、さまざまな「芸」を用いて努力をする。「芸は身を助く」だ。

ところが、「わがままで子供っぽい人」には、このような「芸」はなく、「自分を注目してほしい」という気持ちだけが強いのである。

このギャップが、心のいらいらを高め、ちょっとしたことで頭の中が真っ白になり、理性もなくなり、あとは、激情的な、ドラマティックな発作的行動をとるケースも多い。

大声で泣いたり、罵声を浴びせたり、殴ったり……恋人が浮気をしていると信じて、包丁を手に持って叫ぶ。あるいは、カミソリを持って手首を切ろうとする。男はそれで、

「ごめんな、もう浮気しないから」

などと、子供をあやすような「芸」を発揮して、その場を丸く収めるわけだが。

ドラマティックな女性のほとんどというのは、自分が、社会的には「無芸」であることを証明することにもなるわけで、「自分の見せ方」という点においては、とてもマイナスなのである。

目の前の小さなトラブルをひとつひとつ対処して解決していく……という日常生活を心がけてみてはどうだろうか。

7　友だちができない「自分を出そうとしない人」

「私の先祖は○○藩の藩主で、世が世なら、私は……」

「実家は代々、大地主で、父が子供の頃は、ものすごい贅沢を……」

……と、どこまで本当のことなのかわからないが、ともかく、話が大きい人がいる。

自分の先祖や親の経歴をやたらと自慢したがる人は、自分に自信がなかったり、夢と現実に大きなギャップを感じているのかもしれない。いまの自分では満足できない溝を、係累《けいるい》の華やかさによって埋めようとしているかのようだ。

聞いているほうは、またはじまった……と思いながら、「そりゃ、すごいねえ」とかなんとかいいながら、話を合わせるのも、よく見かける光景だ。

一方、自分のことも家族のことも、ほとんど話さない人がいる。それなりの信頼関係がある人にさえ、「自分を出そう」とはしない。話さなければならない状況になっても、うまく焦点をはずしたりする。まわりの人は、なにか、合点がいくようないかないような……と、微妙なズレが気になって、遠慮がちになる。

他者に対して、ありのままの自分を見せる……そうやって自己が開かれていく現象が、すでに述べた「自己開示」だ。しかし、ありのままの自分を人に見せていくという行為は、なかなか勇気のいることだ。気後れもあれば、相手への遠慮もあって、現実には、すんなりといくものでもないようだ。

自己開示の概念を明確にしたS・M・ジェラードは、自己開示できる能力があることが、パーソナリティの健康を示すものであり、健康なパーソナリティをより高いレベルに成熟させる手段だと述べている。

逆にいえば、自己開示できない人は心の健康度が落ちているということであり、心の成熟のチャンスを自ら放棄しているということにもなるだろう。

人にはそれぞれ、誰にも知られたくない「なにか」がある。友人や恋人、あるいは親に裏切られた過去が、トラウマとなって自己をそのまま出せなくなってしまった人もいる。

しかし、原因がなんであれ、そこから抜け出したほうが、人生は開けていくということだ。「このままでは、損だ」と思って、自己開示する努力をしてみてはどうか。

自分をさらけ出す……というのは、相手に対して警戒心のないことを示すことにもなるだろう。それが、相手を安心させるコツであり、そうすれば、少しずつ近づいてきてくれるようになる。

自己開示をすれば、相手もまた、自己開示をするようになるわけで、この「自己開示の相互性」が、友人関係をつくっていくのである。そうやって、素直な自分に戻ることを少しずつでも始めて、友だちをつくると同時に、心の健康を取りもどしていくとよいのではないのか。

8 「小さな親切、大きなお世話」がわからない人

十数年前に日本全国を席巻した「口裂け女」の噂は、口コミによる情報伝達能力の高さを計るための、なに者かによる実験だったという説がある。

その真偽のほどはわからないが、口コミの有効性と、噂というものの怖さを同時に感じさせられたものだ。実際、夜道が怖くて歩けないという人も多かったのだそうだ。

人は強い刺激を受けた情報であればあるほど、他人に伝えたくなる欲求が高まってくることは、納得できるだろう。ワイドショーや女性誌で知った芸能人のゴシップが、テレビも雑誌も見ていない人にも知れ渡るのは、そのショックや感動を共有してほしいという思いがあるからだ。

化粧品や健康食品、あるいはパソコンや携帯電話についても、同じことがいえる。

自分が使った化粧品が肌に合えば、友人に話し、勧めたくなる。インターネットやメールができる携帯電話を使って友だちができたり、ネットショッピングを楽しんだら、

同じ機種に変えることを勧めたくなる。おもしろいドラマや映画を見たら、「絶対、見たほうがいいよ」といいたくなる。しかしこれは、それとなく伝えるぐらいの気持ちでやったほうがいい。けっして、しつこくならないことが大切だ。

自分がいいと思ったことを人に勧めるのは、人間の心理からすれば、当たり前のことである。しかし、そこには節度がなければならない。

「この印鑑セットは、開運にとっても役立つのよ」

といって、相手には必要のないものを勧めるのは、やりすぎだろう。しかも、

「どうして印鑑セットを買わないの？」

「まだ、私には必要じゃないから」

「でも、いずれ、必要でしょ。絶対、いいんだから」

「ええ……」

「あなた、彼氏にふられたの、そのせいなのよ。買いなさいよ」

と、最後は、意地の押し売りのようになることもある。

おいしいラーメン屋さんの話から、通販で買ったストッキングまで、あれもこれも……と、自分のいいと思ったものをしつこく勧め、あとで、わざわざ電話をしてきて、確

認する。なぜ、そこまでするのか。

勧めるというのは、親切な行為だから、知らない人には、どんどん情報提供すればよい。しかし、自分の感覚に合うからといって、なんでも勧めるというのは、

「あなたより、私のほうがいろいろ知ってるのよ」

という優越感にひたりたい心理も見えてきて、イヤミな感じも残る。いや、それよりも「自分に合うから、人にも合う」という粗雑な感覚が、うっとうしがられる要因だろう。そんなオススメ魔に対して、「小さな親切、大きなお世話」という言葉もあるが、福沢諭吉も「学問のオススメ魔」だったわけで、あなたにとっては、どっちだったのだろう。

実際、「人と人と」の関係において、もっとも難しいのは、「断り上手」と「お勧め上手」だろう。どちらも、相手にイヤな感じを与えないでできる人は、真の人間通といってもよい。半端な人がやるとケガをするのであって、慎重にやりたいものだ。

親友に「お勧め」をしたばかりに、それまでの友情がいっぺんに壊れたという例もあるのだから、要注意だ。

9 「賞味期限の切れたもの」を夫に食べさせる妻

「冷蔵庫の中には、女心が詰まっている」

といった人は、冷蔵庫をのぞかせてもらえば、その主婦の性格がわかる……と豪語していたらしいのだ。

なるほど！　それはいいことを聞いた……と、ある人が家の冷蔵庫を開けたら、ほとんどが賞味期限の過ぎた食材だったのだそうだ。

「おい、このカマボコ、賞味期限が切れているじゃないか。早く捨てろよ」

「えーっ、でも、まだ腐っているわけじゃないでしょ」

「じゃ、食べるのか」

「いや、もう食べられないでしょう」

「じゃ、捨てろよ」

「でも、まだ腐っているわけじゃないから、捨てられないわ」

……そのカマボコは乾燥し、もう干からびている。その人は思った。いったい、このカマボコを、どうするつもりなのだろうか？

さらに、野菜室の奥には原形をとどめていないトマトがあり、チルドルームには変色した豚肉があり、冷凍室には霜のためによく検分できない塊があり、ドアポケットには油が分離したマヨネーズが逆さまに立っていたのだそうだ。

冷蔵庫の中は、腐食が遅い。密閉性が高い冷蔵庫は閉めてしまえば、悪臭も外には漏れにくい。だから、

「まあ、そのうち片づければいいか」

となって、いつまでも冷蔵庫の中で眠ることになるのだろう。

人は、部屋の真ん中にゴミがあれば片づける。腐った臭いがすれば処分する。けれども、そういう差しせまった弊害がなければ、どこまでも「そのまま」にしておくことができるものかもしれない。

しかし、いずれなんとかしなければならないのであれば、早めに処分すればいいと思うのだが、そのあたりの「女心」を分析するのは困難なのかもしれない。

ある女性に、「賞味期限の切れた食品は、どうするのか」と聞いたところ、

「特別料理として、主人に少しだけ食べてもらうのよ。もちろん、賞味期限のことは黙って、ね。」

と得意そうに話してくれた。ちなみに、自分と子供たちについては、

「賞味期限の切れたものは、やっぱり、食べられないわねえ」

ということだった。こんなところにも、「女心」が見えるのではないだろうか。

それにしても、こういう女性というのは、「自分の賞味期限」については、どのように考えているのだろうか……と、ある人に質問されたことがある。このあたりの「女心」を分析するのは、やはり困難なようである。

10 「私には、男運がない…」と、いつも嘆いている女性

「私って、男運が悪いのよ。もう、こりごりだわ」

という女性がいて、本当に「こりごり」なのかと思っていると、すぐに新しい恋人ができるのだから、心配するほどのことはないようである。

こういうことをいう女性というのは、自分の身を嘆いているふうを装いながら、案外、「男運の悪さ」を楽しんでいるところもあるようだ。そして、ほとんどが、

●暴力癖のある男
●お金にルーズ
●酒もギャンブルも好き
●女癖が悪い

……と、こういうタイプの男性と恋愛するのだから、結果的に「男運が悪い」のは、当然のようにも見える。

もともとこのような行動スタイルの男性を好きになる心理的な要因を持っている女性もいて、ある研究では、幼少時代に不足した肉親の愛情や、家庭環境などによって、このような男性に魅かれてしまうケースも多いのだそうだ。

恋愛や結婚は人生のすべてではないが、いい恋愛は心を育て、いい結婚は生きる力を与えてくれるものだ。カウンセリングや治療を受けることも、「男運がよくなる」ための方法かもしれない。

また、現実には、「男運が悪い」といいつつ、本当は自分の心に大きな問題を抱えている女性もたくさんいる。

「どうして、私の夫は、官僚ではないのでしょうか。親友の○○さんも××さんも、だんなさんは国家公務員で、しかもハンサムなの。それに比べて……」

と、自分の夫を非難するのだが、そんなこと、結婚前からわかっていることではないか。自分も納得して結婚したはずなのに、なん年かして、

「私には、男運がない……」

と、嘆くのだから理屈に合わない。

そんな気持ちは、必ず伝わるのであって、こんな妻と一緒に暮らすだんなさんに、ご

同情を申し上げたい。おそらく、だんなさんも、

「私には、女運がなかった……」

と、わが身を嘆き悲しんでいるのではないのか。

被害者意識の強い女性というのは、「自分が選んだ」という経緯を忘れ、目の前の現実を見て、「私は……運が悪い。私は……だまされた」などと、よくいう。「いつも被害者になる」と嘆いている人もいるが、正確には、

「自分が被害者と思い込む人」

なのである。もともとの思考システムが、そうなっているのだから、ちょっとしたことで、「被害を受けた」と受け取るのだろう。

「悪いのは自分の希望をかなえられない男性であって、自分ではない」

という、他罰的な思考になっていることもある。

こんな女性に当たった男性こそ、不運なのではないだろうか。

11 「さばけた女」を演じながら、本音は未練たらたら

元祖バラエティアイドルといわれたあるタレントは、以前、テレビの生放送中に、いってはいけない四文字言葉を口にしてしまい、しばらくの間、テレビ局から出入り禁止にされたことがある。

最近は、録画であれば〝ピー〟という音で消されていて、また、「録画だから編集される」という安心感も手伝ってか、だいぶ口が軽くなっているのだそうだ。生放送の場合は、「おわび」のコメントがアナウンサーや司会者から述べられる。

こういう風潮は、世間もマスコミと同じで、飲み会の席などでは、本来なら「男性の特権」だったセックスの話題やワイ談にも、女性が抵抗なく参加していることもある。まるで仕事の打ち合わせかのような気持ちで、である。

ちょっと前までは、女性がそんな話をしたら白い目で見られたものだが、それだけ世の中の空気が開放的になったということなのだろうし、基本的には「悪いことではない」

といえそうだ。

実際、若い女性たちに、

「どんな女性に憧れますか」

「どんな女性が大人の女性ですか」

と質問すると、

「男性と平気でワイ談のできる、さばけた女性」

などという答えが返ってくる。まあ、これも「悪いことではない」のだろう。

しかし、これも「ほどほど」がいいのであって、いきすぎては、まわりの人が辟易《へきえき》する。もちろん酒も入っているのだが、それでも店の雰囲気も考えずにやたらと大きな声で、ワイ談を連発するのは、「ほどほど」とはいえまい。

「ワイ談を平気でいえる、大人のさばけた女」ということなのだろうが、ただの酔っぱらいが大声で叫んでいるのだから、

「お嬢さんは、いつから、エロじじいになったのですか」

と、まわりの人の顔が赤らむのはアルコールのせいばかりではない。

「ワイ談をきれいに楽しく話せる力」というのは、一朝一夕で身につくものではない。

そこには、年齢や遊び方や経験や……さまざまなものが大きく影響するのであって、みんなで楽しめる上品で気の利いたワイ談をするには、それ相応の醸成するまでの時間がかかるのである。

若い女性が「背伸び」をしても、だいたいが、ひたすら下品になるばかりで、まわりの人が耳を塞ぎたくなるのを我慢しているケースも多い。同僚の男性が注意しても、

「またあ、本当は好きなくせに……」

などと、ホンモノのおじさんよりもおじさんっぽくなるのだから、大いなる勘違いなのである。

●話のわかる女性を演じながら、本音は嫉妬の固まり

●さばけた女性を演じながら、本音は未練たらたら

……という女性も同じで、しぐさや言葉に「無理が見える女性」というのは、自分の子供っぽさを強調するばかりだから慎重に、ということだ。

12 窓辺で枝毛を切って外に捨てる恋人のいない人

手で自分の体に触る癖のある人は、男性より女性に多く、そのうちの約七〇パーセントの女性は、髪の毛を触る……という調査結果がある。

心理学的には、自分の体を触るのは、寂しさや不安をまぎらわすための「しぐさ」と解読することができる。

悲しいときに、抱きしめてくれたり、癒してくれる人がいない……そんなときに、恋人の代わりに、自らの手で、その悲しみを補う行為を「自己親密性」と呼んでいる。また、ペットを飼ったり、マッサージなどに通うことで、安心感や癒しを得ようとする人もいる。どちらも、愛する人との接触に似た「なにか」を探し求める代償行為というわけだ。

愛する人がそばにいなければ、手を組んだり、腕を組んだり、抱き合ったり……という心と体の触れ合いができず、とても寂しい。自分の髪をさかんに触っている女性は、そんな「心の空洞」を自分で埋めようとしている……と解釈されているのだが。

窓辺に座って、枝毛を抜いたり切ったりする女性がいる。また、長い髪にブラシをかけて、ブラシに付着した抜け毛を一本ずつ窓から外に捨てる女性もいるという。これも「心の空洞」を埋めるための行為といえよう。

さて、こんな「心の空洞」を抱えている女性のなかには、自らが知らず知らずのうちに人を寄せつけない言動をしている場合も多いのだが、そういうことには無自覚で、カッコいい恋人ができた友人を思い出しては、

「どうして、あの子が、あんないい男とつきあってるわけ？」

「いいなあ。彼女は運がいいんだよなあ」

……と、窓辺でブラシをかけながら、抜け毛を一本ずつ捨てていたりする。その髪の毛は、風に乗ってふわりふわりと、どこかに落ちるのである。

アパートの二階や三階に住んでいる女性が、抜けた髪の毛を窓から捨てる行為が迷惑……という人は多い。その窓の下は、隣の家の庭だったりするのだ。ある人は、庭掃除のたびに、木の枝にひっかかった髪を一本ずつ片づけるという。

「髪の毛を捨てるの、やめてください。掃除がたいへんなんです」

と窓辺の女性に注意したところ、

「それ、私の髪の毛っていう証拠がありますか？　髪の毛に名前が書いてあるんですか」

と、ひとこと残して叩きつけるように窓を閉めたということだ。

人への、こういう無自覚な対応がくりかえされることによって、自らが知らず知らずのうちに人を寄せつけない……ということになるのであって、「心の空洞」が大きくなるばかりなのであるから要注意だ。

13　男性の前で「変身する女」を信用できるか

女性同士で、もっとも嫌われるのは、

「男の前で態度を変える女」

なのだそうだ。自分たちと一緒にいるときは、図々しくて、うるさくて、文句ばかりをいっている人が、男性と話すときには、素直で愛嬌があって、よく気がつく……など、男性にとっての「魅力的な女性」に変身するという。

「この前の合コンで、○○子って、私たちと一緒のときと、全然違うんだから。それに……あんなミニスカートなんかはいて……」

と、評判の悪さもとどまるところを知らない。

しかも、○○子の変身ぶりを知らない男性たちに「人気者」になっているから、よけいに腹立たしいというわけだ。

心理学的に考えれば、男性にしても女性にしても、異性の前で自分をよく見せようとするのは当然で、それはわかっていても、やはり、同性の目には、「いらいらさせる女」として映るのだろう。

要は、「男性には気をつかうが、同性には無頓着」な女性なのであって、同性にまったく気をつかわないところにカチンとくるのだろう。女性同士のときは、

「かったるーい、なーんにもやりたくなーい、××子、あんた、やってよー」

などと、面倒臭いことはみんな押しつけるのに、合コンのときには、

「あ、おビールをどうぞ。取り皿になにかお取りしましょうか」

などと愛想笑いをするから、「舞台裏を知っている女性たち」は、白々しい気持ちで目配《めくば》せするわけだ。

同性の友だちというのは、一生の友だちになる可能性も高い。また、お互いに、助け合ったり、本音の相談をしたり……それこそ、家族にもいえない秘密を打ち明けることもできる存在である。そんな、本当に信頼してつきあえる関係というのは、かけがえのないものだろう。しかし、
●男性の前で「変身する女」を信用できるか
●合コンで「抜けがけする女」を信頼できるか

●面倒臭いことを「押しつける女」に相談する気になるか

……と考えると、こんな人とは、とても友情を築けないという結論になるだろう。

長くつきあっている同性の友だちの前では「慣れ」も生まれるのだろうが、だいたいが、傍若無人《ぼうじゃくぶじん》にふるまって、みんなをいらいらさせておきながら、

「遅刻しても、みんなは許してくれる」

「なんにもしなくても、彼女は怒らないよ」

「もちろん、男性の前で変身してもだいじょうぶ」

などと、自分だけの暗黙のルールが存在しているかのように思っているのだから無邪気なものだ。気づかいのない行為は、確実に自分の株を下げているのだが、まったく気づいていないのであろう。

若いうちはお互いに許せる部分も多いだろうが、年齢を重ね、社会経験を積んでくると、

「なんで、彼女はこんなことも平気なんだろうか」

「長いつきあいだけど、いい加減、縁を切ろうかしら」

ということにもなるのではないのか。

一生の友だちというのは、人生の財産であろう。

この財産を築き、維持していくには、それなりの「気づかい」と「エネルギー」と「時間」が必要なのである。いまの友だちを大切にしよう。

14 「男らしい」を拡大解釈する強引なヤツ

どんなタイプの男性が好きですか……と聞かれて、男の気持ちを慮《おもんぱか》ってか、あるいは、もともとがくだらない質問だと思ってか、

「オレについてこい！　って感じの、男らしい人がいいです」

などと、適当に、あたりさわりのない答えをする女性がいる。おそらく、

「頼りがいがあって、実行力があって、私の願望をかなえるためにきちんと導いてくれる、たくましい男性で……あれやこれや」

というような漠然としたイメージを「オレについてこい！　って感じ」と表現するのだろうが、これが間違いの元で、

「オレのいうことをきけ！　って感じの男らしい人」

と、拡大解釈している男性も多く、

「そうか。マイペースでぐいぐいとやって、女性がイヤがってても有無をいわせずって感

じの男……それが男らしいってことか。やっぱり、押しの一手だな……当たって砕けろのつもりでやってみよう」

と、女性の気持ちも考えずにぐいぐいと押しまくって、最後には、

「しつこいのは嫌い！　もう私の前に現れないで」

と、きっぱりいわれて、粉々に砕け散るのだからつらい。

これに懲りると、次からは、やたらに「優しい男」を演じるようになって、

●さっとドアを開けて女性を先に通す

●自分は車道側に立って女性を守りながら歩く

●ハンドバッグ以外の荷物は持たせない

●一日に一度は、「きれいだよ」「愛してる」という

……などの細々とした行動を心がけるようになるのだから極端だ。

これが、心を入れ換えた結果の、心の底からの発露であるならまだわかるが、要は、

「これが女性にモテるための四か条」

というようなハウツー的な行動を自分に科して、事足れりと信じる。女性にとっての、理想的なフェミニストの誕生となるわけだが、これもまた拡大解釈におちいりやすく、

「そうか。不平もいわずに耐えに耐えって感じの男……それが男らしいってことか。やっぱり、尽くすの一手だな……」

と信じるのだからつらい。そして、自分なりのフェミニスト道に邁進し、

第一条　女性のいうことはすべてにおいて絶対に正しい

第二条　女性のやりたいことを達成するために最善の努力をする

第三条　度を越えた「わがまま」にも不平をいわず、もくもくと尽くす

第四条　もし女性のいうことに疑問を持ったら、第一条にもどる

……というような極端なフェミニストに走るのもよくある話だ。

たしかに、女性は満足しそうで、最初は「モテる」かもしれないが、あまり長続きすることは少ないだろう。

女性にとっては、とっかかりは気持ちもいいし、うれしいだろうが、そうやって「自分を殺し」ている男には物足りなさを感じるのではないだろうか。第一に、つきあっていても刺激がないから、おもしろみも感じないだろう。

もうひとつは、過剰なフェミニストは、女性に尽くしているつもりでも、じつは、その女性に心理的に依存しているところもある。

その「男の依存心」がバレたとき、女性は、その男の存在がひたすらうっとうしくなるのではないだろうか。

「男らしさ」も「優しさ」も、拡大解釈してはいけない。

15　趣味や専門の話で、ひとりで盛り上がる男

仕事場でも酒場でも、スポーツの話題に熱中する人がいる。聞いていると、たしかに情報も豊富で、おそらく、テレビ中継を見て、その後、各局のスポーツ番組を「はしご見」して、翌日はスポーツ新聞を二、三紙……と、スポーツ情報漬けになっている。

こういう人のなかには、

「国民的スポーツといえば野球で、野球といえばジャイアンツで、ジャイアンツといえば長嶋監督で、長嶋監督といえば永久に不滅で……」

と、プロ野球の話題をしていれば、みんなが盛り上がると思っているのだろう。

人にはそれぞれ、自分なりの幸せやくつろぎを感じる場所がある。それは家庭であったり、友人であったり、趣味だったり……意外にも、職場ということもあるだろうが、いずれにしても、そこが「ストレス解消の場」となっている。

そこに身を置けばホッと安心できるからこそ、英気を養うこともできるし、また元気

になって出かけていくこともできる。そんな場所がない人は、心の休まることもなく、おそらく幸福感を持つことはなかなかできない。

スポーツ情報で盛り上がる人は、それが「ストレス解消」なのであろう。自分なりの情報分析をして、

「明日は、○○が先発ピッチャーだ」

「フォワードは××でなきゃ、やっぱし」

などと、楽しそうに声を張り上げる姿をよく見かける。

とくに男性は、スポーツの話題だったら何でもござれという人も珍しくなく、

「日本人の誰もが待ちに待っているサッカーのワールドカップ……」

「女性はみんなバレーボールファンで、最近は格闘技にも興味を持っている……」

という感覚で話題を振っているようだ。

「イチローが、マツイが、ヨシノブが……」

とひととおり話し、女性が、社交辞令の笑顔であいづちを打って、

「へーっ、野球って、おもしろいんですねえ」

といったら、話はえんえんとつづいて止まらない。

おそらく、プロ野球の話題が万人共通の快適事項と信じているのであろうが、世の中には、プロ野球なんぞまったく興味がないという人もいる……といったら、びっくりするのではないだろうか。

まあ、だからといって、自分の会社で研究開発している半導体の話だったり、プログラム言語の専門的な話だったりした日には、女性ならずともたまったものではないが、また、本人は楽しくて仕方がないのだろうが、こういう人にかぎって、

「私のアイデアではじまったプロジェクトが、もうすぐ日本を動かすんだよ」

などと、大きな話をするから、聞かされている人は、ちょっとつかれて、ストレスを溜めこむことになる。

自分の得意分野の話をするのはいい。多かれ少なかれ、人と人とは、それぞれに自分の得意な話題を持ち出すことによって、コミュニケーションも深くなる。

問題は、話をしているうちに、自分の話に酔ってしまう人だ。自己中心的性格と自己陶酔的性格の合併症のような人で、まわりの人が「お愛想」で聞いていることにも気づかずに、えんえんと自分の得意な話題で引っ張る。

話す人はストレス解消になるのだろうが、その分、聞かされる人はストレスを溜めこ

み、元気を吸い取られるのだから、これはつらい。

「人と話す」というのは、「人と話し合う」ということであり、一方通行になってはいけない。

得意分野の情報の量と質を誇り、「どうだ、すごいだろう」と威張り、尊敬されたいのかもしれないが、その「子供っぽさ」が嫌われるのである。

渋谷昌三（しぶや・しょうぞう）

1946年、神奈川県生まれ。目白大学人間社会学部教授。学習院大学卒業、東京都立大学大学院博士課程修了。心理学専攻、文学博士。山梨医科大学教授を経て現職。著書に『魔法の心理ノート』（三笠書房）、『「好きな人に好かれる」心理学』（新講社）、『ビジネスパーソンのための「言い訳」の技術』（小学館）、『人を傷つける話し方、人に喜ばれる話し方』（ワック）など多数。

人に嫌がられるしぐさ、人に好かれるしぐさ

2007年6月27日　初版発行
2007年7月9日　第3刷

著　者　渋谷　昌三

発行者　鈴木　隆一
発行所　ワック株式会社
東京都千代田区九段南 3-1-1　久保寺ビル　〒102-0074
電話　03-5226-7622
http://web-wac.co.jp/

印刷製本　図書印刷株式会社

ISBN978-4-89831-564-4